上海家长学校
家政教育系列丛书

主编 熊筱燕 副主编 徐宏卓

家政
与家庭生活

徐宏卓 著

上海人民出版社 上海远东出版社

图书在版编目（CIP）数据

家政与家庭生活/徐宏卓著. 一上海：上海远东出版
社，2021
（家政教育系列丛书/熊筱燕主编）
ISBN 978-7-5476-1724-3

Ⅰ.①家… Ⅱ.①徐… Ⅲ.①家政服务-服务业-产
业发展-研究-中国 Ⅳ.①F726.99

中国版本图书馆 CIP 数据核字（2021）第 141877 号

责任编辑 王 萍
封面设计 李 廉

本书由上海开放大学
"上海养老服务从业人员培训-家政、养老教育系列丛书出版"项目
资助出版

家政教育系列丛书
家政与家庭生活
徐宏卓 著

出 版 **上海远东出版社**
　　　　（200235 中国上海市钦州南路 81 号）
发 行 上海人民出版社发行中心
印 刷 上海信老印刷厂
开 本 710×1000 1/16
印 张 11.75
字 数 153,000
版 次 2021 年 9 月第 1 版
印 次 2021 年 9 月第 1 次印刷
ISBN 978-7-5476-1724-3/F·675
定 价 52.00 元

家政教育系列丛书

编委会名单

总　序

　　家政，已经和都市人的生活紧密相连。缺少了家政服务，很多人不能一回到家就吃上热乎的饭菜，不能享受干净的居家环境，不能放下老人孩子安心地去工作……我们的生活离不开家政。

　　如果再进一步问大家什么是家政，也许大部分人会认为家政就是烧饭洗衣打扫卫生之类的家务劳动，只不过自己做叫"家务"，花钱请别人做叫"家政"。

　　此外，多数人还认为家政是一种帮助大家解决后顾之忧的简单职业，不需要太多的专业技能，只要会做家务就行。但是，如果继续追问大家对于家政服务的感受，恐怕又会有很多人叹息：家政服务员的素养和能力尚不能达到期待值，家政服务员不够"专业"。于是，我们发现在普通市民的认识中出现了一个悖论：家政不是一个"专业"VS家政服务员不够专业。谁错了？与其追究谁对谁错，不如思考如何更好地发展家政行业，以满足人民群众对美好生活的追求。

　　习近平总书记先后三次对于家政行业的发展做出重要指示。2013年习近平总书记在视察山东时明确指出："家政服务是社会需要，许多家庭上有老、下有小，需要服务和照顾，与人方便，与己方便。家政服务要讲诚信、职业化。"2018年全国"两会"期间，习近平总书记参加山东代表团审议时说："在我国目前发展阶段，家政业是朝阳产业，既满足了农村进城务工人员的就业需求，也满足了城市家庭育儿养老的现实需求，要把这个互利共赢的工作做实做好，办成爱心工程。"

2018年习近平总书记在广东考察时强调:"要切实保障和改善民生,把就业、教育、医疗、社保、住房、家政服务等问题一个一个解决好,一件一件办好。"

总书记的讲话正是对家政行业和家政教育的精准把脉。要把家政工作做好,关键是促进家政行业的职业化和专业化。当下社会对于家政行业的不满,主要原因就在于家政行业缺乏职业化和专业化。要解决这一问题,职业化要靠市场、靠政策;专业化要靠教育、靠培训。

家政行业长久以来处于一种自由市场状态中,政府政策较少涉及,资本运作也鲜有问津,家政行业就在这样一种几乎是放任自流的情况下缓慢发展。近几年,政府对于家政行业加大了关注,并相继出台和实施了一系列的家政法规,这对行业的发展发挥了积极作用。2019年6月26日,国务院办公厅印发了《关于促进家政服务业提质扩容的意见》,具体提出了36项措施,要求各地要把推动家政服务业提质扩容列入重要工作议程,构建全社会协同推进的机制,确保各项政策措施落实到位。2019年12月19日,上海市人大常委会通过了《上海市家政服务条例》,条例内容包括鼓励发展员工制家政服务机构,培养家政服务专业人才,符合条件的家政员可落户,可纳入公租房保障范围等,一项项具体措施正在逐渐发挥作用。

谈起家政教育和家政培训,那就必然要谈到上海开放大学。上海开放大学是全国开大/电大系统第一个举办家政学历教育的高校,也是上海第一所举办家政服务与管理专科教育的高校,目前还是上海乃至华东地区唯一一所举办家政学本科教育的高校。自2012年举办首届家政服务与管理大专班以来,上海开放大学累计招收该专业本、专科生2811人,已有1400多名学生获得该专业大专毕业证书。

在9年的家政专业办学过程中,上海开放大学一直坚持融通发展的理念。所谓"融",就是专业的建设融入城市建设和社会发展中,全方位参与到社会生活中；所谓"通"，就是社会成果为家政所用，家政发展为社会所认；社会资源由家政专业共享，家政资源让社会共用。

近年来，上海开放大学家政专业建成了全市最先进的家政实训室，参与上海东方电视台"贴心保姆"节目录制，建设家政行业终身教育资历框架，并开展了学生创新课题研究等工作，为提高家政行业总体发展水平作出了重大贡献。

1400多名上海开放大学家政专业毕业生正在为上海的家政行业发挥着积极作用，但和上海50多万从业人员的大基数相比，只是沧海一粟。家政从业人员的素质提升，更需要开展大规模的非学历培训。而长期以来，家政行业的非学历培训都存在一个普遍的问题——重技能、轻理论。家政培训变成简单的技能训练，导致学习者只适应教学场景下的技能应用，而在实际工作场所中的知识技能迁移能力明显不足。

实现知识技能迁移的前提是了解其背后的专业原理，也就是所谓的理论知识。理论知识和实践应用的关系有多密切，可通过一个金陵女子大学家政学专业的故事来说明。1938年，因为抗战，金陵女大西迁至成都，学校附近农村的孩子普遍营养不良，面黄肌瘦。原因其实很简单，连年战争使得孩子们吃饱都成问题，更不要说是吃肉摄入蛋白质。金陵女大家政学专业的学生遂开展社会服务，为附近农村的孩子磨制豆浆及其他豆制食品。当时营养学尚未成熟，家政学就已经在研究蛋白质对于人体的重要作用，并且发现在食用肉类获得动物蛋白极其困难的情况下，食用豆制品获得植物蛋白也能在很大程度上弥补蛋白质摄入的不足，促进人体健康。我们很难获得历史资料来评估金陵女大家政学专业学生这次社会服务的实际作用，但这种理论指导下的服务，值得推崇。

2021年，在上海开放大学王伯军副校长的支持下，上海开放大学非学历教育部组织编撰"家政教育系列丛书"，非常荣幸能够担任这套丛书的主编，为家政行业、家政培训贡献自己的绵薄之力。作为主编，我将这套丛书定位于家政服务非学历培训用书和家政学历教育参考用书。丛书一共八本，大致可以分为三个层面。第一层面是理念层面，由上海开放大学学历教育部副部长、原家政专业负责人徐宏卓撰写了《家政与家庭生活》一书，是从家庭、家政服务员、家政公司、家政起源、未来发展等多个角度，宏观地审视家政行业与家庭生活的关系。第二层面是实操层面，包括赵文秀编撰的《家庭营养膳食与保健》、陈翠华编撰的《家庭健康管理》、芦琦编撰的《家政服务法律法规》、孙传远编撰的《家庭教育前沿》和杨敏编撰的《家庭美学》，这五本书从不同的角度深入研究家政和家庭，重点探讨如何通过科学的方法和积极态度，使得家政服务更加优质、家庭生活更加温馨。第三层面是保障层面，包括邓彦龙编撰的《社区与家庭安全管理》和李成碑编撰的《家政服务员职业道德》两本书，分别阐述了如何从物理安全和道德安全两个角度保障家政服务和家庭生活的安全。

我并不认为这八本书就已经囊括了家政学或者家政服务的所有方面，甚至可以说这套书只谈到了家政服务众多领域中的一小部分，并且这些领域选择还在一定程度上受到了作者专业的限制，在完整性上可能还存在一定瑕疵。但我觉得这都无关紧要，最重要在于"做"。面对这么大的市场、这么强烈的需求、这么蓬勃发展的行业，目前的家政非学历培训教材可以说是非常欠缺，特别是理念性的、知识性的培训教材几乎还是空白。在这样的背景下，勇敢地迈出第一步，努力地为这个行业创造一些价值、积累一些成果，就是对这个行业最大的贡献。在这个"做"的过程中，即便还存在一丝的不完善，但这种"不完善"依然是充满魅力的。

最后，在此丛书付印出版之时，本人作为主编依然感到内心惶恐。家政专业虽然历经百年，但在中国大陆依然属于一个新兴专业。与专业研究人员、专业研究成果之缺乏相对应的，却是专业飞速发展的时代需求。也许，丛书出版之日，就是知识落后之时。希望读者们能带着批判的眼光阅读，对于丛书中的落后与不足能够不吝赐教，以便未来再版时一并修正。

　　希望丛书能为中国家政行业的职业化、正规化尽绵薄之力。

丛书主编

南京师范大学金陵女子学院　熊筱燕

2021 年 7 月 1 日

目　　录

第八章　家政学与家政服务业未来展望

第一章　家庭概述

什么是家庭？听起来似乎是一个明知故问的问题，我们天天生活在家里，难道还不知道什么是家庭？家政服务机构、家政服务员天天为家庭提供服务，难道我们还不知道什么是家庭？的确，家庭对于我们每个人来说都是不陌生的，是人类社会的基本组织形式，是我们每个人日常生活最重要的组成部分。但是，你了解家庭的过去吗？家庭具体有什么功能呢？家庭服务对于家庭成员而言意味着什么？本章让我们简要了解一下家庭的历史，看看什么是真实的家庭。

第一节　家庭的历史

家庭是不是自人类产生之初就同时存在的呢？显然不是，任何事物的产生和发展都需要经历一个过程，家庭也是如此。在谈家庭的历史前我们需要先简要地了解一下人类文化的各个阶段。

一、人类文化的发展

恩格斯在其《家庭、私有制和国家的起源》一书的开始就引用摩尔根的研究，认为人类文化的发展主要经历了三个时代——蒙昧时代、野蛮时代、文明时代。

在蒙昧时代的早期，人类生活在热带或者亚热带的树林中，还没有现代意义上的"家"，就连他们居住的地方也不是现代意义的"房子"，而是居住在树上，这样可以躲避大多数猛兽的袭击。他们的食物来源主要是野果、植物的根茎等自然生长的植物。听起来这似乎与黑猩猩差不多，但他们之所以成为人类而不是"猿类"，就在于他们在蒙昧时代的早期已经掌握了音节清晰的语言，这个能力黑猩猩至今尚未掌握。也许是过了几千年，到了蒙昧时代的中期，人类的祖先开始采用鱼类作为食物，并且开始使用火。大家千万不要小看这样的进步，鱼类加入人类的食谱大大拓宽了食物的来源，火的使用不仅让人类的食物更加卫生、可口，同时也大大拓宽了人类的活动空间，使得人们能够克服自然气候的影响，向更加寒冷的北方迁徙，人类也可以从树上下来了，几乎所有的动物都不敢接近火。到了蒙昧时代的晚期，人类发明了弓箭，猎物便成了通常的食物，打猎也成了常规的劳动之一，而从很多考古的成果可以明显看到，此时已经有定居村落的萌芽。

之后人类进入了野蛮时代，相比于蒙昧时代，这是历史的进步。在野蛮时代的初期，人类学会了陶器的制作和使用，同时人类又学会了另外两项至关重要的技能：动物驯养和植物种植。这是历史的一大进步，人类可以逐渐摆脱完全依赖打猎和采集的生活，可以相对固定居住在一个区域，通过劳动获得稳定的食物来源。于是到了野蛮时代的中级阶段，人类住在用木头或者泥土制造的房子里，并且用栅栏将村落围起来抵御猛兽或者其他部落的袭击，人类甚至还学会了挖掘人工水渠灌溉自己的田地，进一步提高了农作物的产量。进入野蛮时代的高级阶段，人类从铁矿石中开始冶炼金属，人类有能力清除森林使之变为农场，这一点没有铁器的帮助是不可能实现的。在野蛮时代的鼎盛时期，出现过 50 万人联合在统一的中央领导下，在《荷马史诗》中我们还可以看到铁质工具、风箱、手磨、榨油、酿酒等。

此时我们可以把人类的历史发展做一个小小的总结：在蒙昧时代，人类是以获取天然产物为主的时期，人工产品仅仅起到辅助作用；野蛮时代人类学会了畜牧和农耕，使用铁器等技术增加农业的产量。随后人类进入文明时代，这是人类学会对天然产物进一步加工的时期，是真正的工业和艺术的时期。

二、人类家庭的发展

在蒙昧时代直到今天，人类家庭经历了杂交而居、血婚、伙婚、偶婚、专偶这五种形态的传递演变。[①] 每一种家庭的形态都是和不同的

---

① 乔乔. 家庭简史 [M]. 长春：时代文艺出版社，2004：1.

历史时期和人类文化相对应的，反映了当时人类的生活水平、生产力发展及自然环境的变化。

（一）杂交而居

史前的蒙昧时期，人类的两性关系也处于蒙昧时代，从严格意义上这一时期只有性关系而没有家庭。但是，两性关系是家庭的开端，也是家庭的基础，所以我们首先从杂交而居谈起。当人类还不能称之为"人"的时候，过着类似于动物的生活，没有语言，没有思想，有的是野性，是类似动物的生殖行为。也许人类最初的生活是个体生活，当偶尔发现大家联合起来可以猎取更多的野兽，获得更多的食物，也可以抵御更大的野兽攻击。于是，他们联合起来。联合起来的原始人类有着动物本能的性冲动，由于还没有人类的思想，他们从来没有想到要规范自己的行为，所以那时杂乱混交是两性关系初期的真实写照，代表的是蒙昧社会的低级阶段。

（二）血婚制家庭

何谓血婚制家庭？摩尔根在《古代社会》中这样给它下了定义：凡是亲兄弟姊妹和以亲兄弟姊妹之间相互集体通婚的地方，他们的家庭就是血婚制。[①] 有的学者认为血婚制家庭是家庭发展的第一阶段，不认为杂交而居是一种家庭形式。那两者的主要区别在什么地方？在蒙昧时代的中期，人类的两性关系开始出现了简单的、不严格的禁忌：不准父母与子女发生两性关系，血婚制家庭按照辈分划定婚姻集团的范围，同辈的人构成夫妻圈子。也许有些人会觉得很惊讶，兄弟姐妹之间如何能结婚呢？这的确是当时社会的真实写照，《圣经》中也有大量描述兄妹之间结婚生子的故事。血婚制家庭相对于"男性属于所有女性，

---

① （美）路易斯·亨利·摩尔根. 古代社会 [M]. 北京：商务印书馆，1977：8.

女性属于所有男性"的杂交而居时代，的确是很大的历史进步。为什么会有这种变化呢？必然是和当时社会生产状况分不开的。进入蒙昧时代的中后期，尽管人类扩大了食物来源，并且学会了使用火，但是生产力依然低下，依然过着采集、渔猎的游牧生活。但是社会分工的出现有可能将所有的人按照年龄进行分工，成年男女狩猎、打鱼，老年人从事辅助工作。这样，年龄相仿的男女成为共同劳动的集体，年龄差距大的逐渐分开，接触机会减少，当然发生两性关系的机率也大大降低。

（三）伙婚制家庭

伙婚制家庭出现在血婚制家庭的后期，是指一些嫡亲的和旁系的姊妹集体地同不是自己兄弟的男子婚配，同伙的丈夫之间不一定是亲属，同伙的妻子之间也不一定是亲属，但是不准兄弟姐妹之间发生婚姻关系。摩尔根在《古代社会》中指出，凡是几个姊妹和她们相互的丈夫集体通婚，或者几个兄弟和他们的相互妻子通婚的地方，他们的家族就是伙婚制。在排除了父母与子女通婚的血婚制家庭后，排除了兄弟姊妹之间的通婚关系的伙婚制是人类历史上的又一进步。产生伙婚制家庭的原因主要是自然选择规律。在生产力水平低下的蒙昧时代，本能地、自发地作用的自然选择规律是血婚制家庭向伙婚制家庭过渡。实行外婚，禁止血亲婚配，促进人类自身素质的提高。也有另外一种观点认为伙婚制家庭的出现与生产力水平密不可分，在蒙昧时代的高级阶段，由于弓箭的发明，狩猎是最经常的劳动，此时必须进行生产分工，实行原始水平下的共产经济，这种低水平的经济又不足以支撑所有的人口，必须有一部分人被分出部落之外，兄弟与姊妹的分开是最好的选择。

（四）偶婚制家庭

偶婚制家庭是由伙婚制家庭演变而来。是由一对配偶结婚而成的，但不仅限于和固定的配偶同居，婚姻关系仅在双方愿意的情况下才保持下去。偶婚制家庭是一种不牢固的个体婚，是群婚向一夫一妻制的个体婚过渡的婚姻家庭形式。其特点是，一个男性与一个女性过着不稳定的婚姻生活。随着人类社会进入野蛮时代后，关于婚姻的禁忌越来越多，群婚越来越变得不可能，所以一种新的婚姻制度——偶婚制随之产生。最初是一个男子在众多妻子中有一个主妻，一个妻子在众多丈夫中有一个主夫，这种形式逐渐过渡到一个男子和一个女子的共同生活。家庭的演化离不开生产力的发展，蒙昧时代的中晚期，原始农业和畜牧业逐渐过渡到锄耕农业和家畜饲养，人们已经能够依靠自身的力量不再四处游荡，聚居在相对固定的地方依靠农业生产存活下去。生产力的发展进一步导致了剩余产品的出现，在部落之间、氏族之间甚至个体之间开始发生交换现象，这时候群居生活、群居的婚姻不再适合当时的生产力特点，婚姻关系也随之发生了重要变化。同时由于氏族内部婚姻禁忌不断完善，氏族内部禁止结婚，不仅排除了同胞的婚姻，也排除了同一氏族内的通婚，这势必促使人们不得不在其他氏族内通过婚约、购买甚至抢夺的方式寻求妻子，这样女子显然就非常稀少，男子在获得女性后就不愿意同别人共享，从而进一步缩小了婚姻集团的范围。

（五）专偶制家庭

专偶制家庭的基础就是一男一女的婚姻，并排斥与外人同居，是偶婚制随着生产力的进一步发展后的必然产物。随着蒙昧时期血婚制家庭、伙婚制家庭、偶婚制家庭的三大演变后，人类的家庭形式越来越趋于稳定化。恩格斯在其《家庭、私有制和国家的起源》一书中认为在偶婚制晚期，人类社会进入野蛮时代，社会各方面相比于以前都有了极大的进步，物品大大丰富起来，人们的私有欲望也随之膨胀起来，越来越渴望独占更多的财富，同时排斥其他人侵占自己的财物，人们希望将自己的财富延续到自己的后代，由子女作为自己财产的合法继承人。这就需要确认由婚配的配偶所生的真正后裔，需要实行单偶制的婚姻制度。[①] 正是由于私有财产的出现和对子女继承的需要，产生了个体婚姻家庭。个体婚姻家庭是一夫一妻制家庭，它有着比以往家庭更坚固、更稳定的婚姻关系，能够确保财产沿着父系传递和延续。

---

① 恩格斯. 家庭、私有制和国家的起源 [M]. 北京：人民出版社，2018：5.

第二节　家庭的概念

关于家庭的概念，历史上、国内外很多学者对于家庭的概念有过不少解释，说法很多。

一、中国古代

（一）居住的地方

中国历史上最早出现对于家庭的解释，可能来自于东汉时期著名文学家许慎所著《说文解字》一书，认为：家，居也。从宀。清代段玉裁对此的解释是："本义乃豕之居也，引申居借以为人之居。"认为家的本意是猪居住的地方，因为古代很早猪就被人类圈养，所以引申为居住，家就是人居住的地方。

（二）房屋里

《后汉书·郑均传》中记载："均好义笃实，养寡嫂孤儿，恩礼敦至。常称疾家庭，不应州郡辟召。"说郑均忠厚老实，赡养守寡的嫂嫂和侄子，恩情和礼数非常周到，经常称病在家，不理州郡官府的召唤。

（三）社会单位

有些书中记载的家庭，其含义为以婚姻和血统关系为基础的社会单位，成员包括父母、子女和其他共同生活的亲属。唐代的刘知几所著《史通·辨职》记载："班固之成书也，出自家庭；陈寿之草志也，创于私室。"明代的邵璨所著《香囊记·义释》记载："家荡散，业飘零。携筐还负笥，离家庭。两口无依倚，身如蓬梗。"

（四）院落，庭院

《宋史·章得象传》："得象母方娠，梦登山，遇神人授以玉象；及生，父奂复梦家庭积笏如山。"清朝东轩主人所著《述异记·虾蟆蛊》："奉之者家庭洒扫清洁，止奉蛊神。"都是将家庭定义为院落或者庭院。

二、西方社会

在古罗马的记载中，Famulus（家庭）的意思是一个家庭奴隶，而 Familia 则是指属于一个人的全体奴隶。古罗马人用 Familia 一词表示父权支配着妻子、子女和一定数量奴隶的社会机体。马克思和恩格斯认为："每日都在重新生产自己生命的人们开始生产另外一些人，即增殖。这就是夫妻之间的关系，父母和子女之间的关系，也就是家庭。"

著名的心理学家弗洛伊德认为：婚姻是肉体的机能，家庭是肉体生活同社会机体生活之间的联系环节。弗洛伊德将家庭和社会功能结合起来，但是其对于婚姻和家庭的解释一如既往地秉承着他的"泛性论"，从性生活的角度来解释。

社会学家 E. W. 伯吉斯在《家庭》（1953）一书中提出："家庭是被婚姻、血缘或收养的纽带联合起来的人的群体，各人以其作为父母、夫妻或兄弟姐妹的社会身份相互作用和交往，创造一个共同的文化。"不仅将家庭和社会关系结合起来，而且将家庭的作用提升到文化层面。

三、中国近现代

《中国大百科全书·社会学卷》对家庭的定义为：家庭是由婚姻、血缘或收养关系所组成的社会生活的基本单位[①]。

著名社会学家孙本文先生认为：通常所谓家庭，是指夫妇子女等亲属所结合之团体而言。故家庭成立的条件有三：第一，亲属的结合；第二，包括两代或两代以上的亲属；第三，有持久的共同生活。从传统家庭的角度，孙先生家庭的定义是非常确切的，中国传统文化中对于家庭的理解肯定包括一对夫妻和一对以上的已婚子女同居，就如同电视剧《大宅门》中描述的一般。而以现代的眼光审视，孙先生的定义也不能涵盖所有。

学者谢秀芬认为：家庭的成立乃是基于婚姻、血缘和收养三种关系所构成，在相同的屋檐下共同生活，彼此互动，是意识、情感交流与互助的整合体。[②] 谢秀芬的定义强调了家庭成立的基础、生活地点、互动关系、情感等因素，是相对比较完整的家庭定义，但是其对于家庭基础的三种关系分析也未必涵盖了所有情况。

四、家庭的概念

看来要给家庭下个理想的定义，使之较为全面地反映社会现状，准确地揭示家庭的内涵和外延，的确不是一件容易的事情。我们认为对于家庭的定义应当在充分尊重社会现实的前提下做出，应当包括以下四个要点：

---

① 中国大百科全书·社会学卷［M］. 北京：中国大百科全书出版社，1991：102.
② 谢秀芬. 家庭与家庭服务——家庭整体为中心的福利服务之研究［M］. 台北：五南图书出版股份有限公司，1998.

（一）以婚姻或事实婚姻关系为基础

从历史和现实的角度来看，家庭是婚姻缔结的结果，婚姻是家庭的起点和基础。在大多数情况下，没有男女两性结合的婚姻关系，就不可能有子孙后代人类的延续，也不可能形成父母、子女的关系。只有男性和女性的结合，因婚姻而结成夫妻关系，组成最简单形式的家庭，然后才能生儿育女。所以，有无婚姻而产生夫妻关系是判断家庭的重要依据。以上所说的婚姻为法律意义上的婚姻关系，而我们在生活中还可以经常碰到非法律关系上的事实婚姻，由于各种原因并没有履行法律所规定的程序，但实际上是以婚姻的形式生活在一起，甚至家庭中还有子女，我们认为这也应该包括在家庭的范畴内。

（二）以子女、情感、世俗观念等关系为纽带

以婚姻或者事实婚姻为基础的家庭成立后，是什么维系着这个家庭的存续？什么是维系家庭不至于走向解散的纽带？我们认为包括情感、子女和世俗观念三种因素。婚姻成立后，通常会生儿育女，即使当生育发生困难时，家庭也会想尽一切办法收养、过继，甚至是买卖，使得家庭中有下一代。家庭中下一代的到来意味着这个家庭更加稳定、抗风险能力更强；也有的夫妇一生无儿无女，但是家庭关系非常稳定，这主要是因为夫妻双方保持良好的情感关系，双方相敬如宾、相濡以沫，共同应对生活中的困难；当然也有的夫妇，不仅没有孩子，而且经常性争吵，似乎关系并不和睦，但是家庭却始终稳定，从未听说闹到家庭破裂的地步，这样的家庭并不在少数，这是受到世俗观念的影响，是社会文化维系着这个家庭的存在。

（三）以较长时间的共同生活为存在条件

判断家庭的组成还应当以其成员是否有共同的生活，成年子女与父母虽然有血缘关系，但却独立门户，组建了自己的家庭，这样与父

母之间不再属于同一家庭。

（四）一定程度上的经济共有和共享

家庭的特征还在于经济上的共有和共享。大学中的集体宿舍、部队中的士兵营房，尽管他们也是生活在同一空间内，有着一定的情感，但是我们不会将其称之为家庭，因为在宿舍和营房内的人是以个体为单位，经济上没有共有和共享。家庭是社会中最小的细胞，也是最基础的抗风险组织。当个人遇到风险或者大的事故时，首先是家庭不遗余力地提供支持，帮助其渡过难关。

第三节　家庭的类型及特征

家庭的分类方式很多，按照不同的标准可以得出不同的分类结果。其中按照家庭中的代际要素和亲属关系的特征对家庭进行分类是最普遍的分类方法。通常我们将家庭分为夫妻家庭、核心家庭、主干家庭、联合家庭。

一、夫妻家庭

夫妻家庭指只有夫妻两人组成的家庭。这种情况比较多，比如小夫妻刚刚结婚到孩子出生前的这段时间就属于夫妻家庭；有些夫妻不愿意生育，自愿成为丁克家庭；也有夫妻由于生理原因不能够生育子女；子女长大成家离开父母独立居住，这时候父母所形成的也是夫妻家庭。夫妻家庭以夫妻二人的情感生活为中心，对情感的要求较高。夫妻家庭变化的可能性也是很大的，有些家庭孩子出生后就成为了核心家庭；有些家庭由于情感不合，并且没有子女作为家庭的纽带，往往会走向破裂；有些老年夫妻家庭，随着一方的年老离世，成为鳏夫独居或者寡妇独居家庭（有些学者认为这不应该属于家庭的范畴）。

二、核心家庭

核心家庭即由父母和未成年子女组成的家庭。核心家庭结构比夫妻家庭复杂一些，家庭事务也更多一些，核心家庭已经成为现代城市家庭的主要形式。美国著名社会学家帕森斯强调过核心家庭的重要性，他认为随着社会的现代化进程，核心家庭在各种结构形式的家庭中的比例呈现上升趋势，从中国及世界其他城市的发展中完全印证了帕森斯的判断。核心家庭的特点是规模小、人数少、关系密切。核心家庭以双方父母家庭的纵向联系为主，两者关系相当密切，彼此之间相互关心，经济上、情感上、生活上相互依托，逢年过节，核心家庭的成员往往在父母家度过。

三、主干家庭

主干家庭即由两代或者两代以上夫妻组成，每代最多不超过一对夫妻且中间无断代的家庭。现在较多的是夫妻婚后同男方或者女方的父母一起居住。由于中国三十年来实行的独生子女政策，再加上现代社会节奏加快，使得当今社会上主干家庭的数量较多。主干家庭相对于核心家庭关系就复杂得多，出现了上下两代人的两对夫妻、两个中心，如果处理不好很容易产生诸如婆媳关系等较难处理的问题。但主干家庭的存在也客观上为中国社会解决了很多现实性的困难，老人在家庭中可以起到照顾孙辈的角色，如果没有老人将严重影响到成年夫妻的生活质量，同时主干家庭又为老龄化社会承担了照顾家庭的任务。

四、联合家庭

联合家庭就是由父母和多对已婚子女组成的家庭，其家庭成员还可能有已婚子女的后代，或者其他未婚和未成年的成员。联合家庭属于大家庭，其突出特点是一代甚至几代人中有多对已婚夫妻的存在。联合家庭中，家庭关系更加复杂，既有两代人之间的矛盾，又有同代人之间的冲突，例如妯娌的矛盾。联合家庭在现今已经非常少了，城市中由于快节奏的生活以及住房条件的现实，几乎不太可能出现联合家庭。

五、其他形式家庭

扩大家庭：由一个核心家庭加入非直系的未婚亲属组成的家庭，例如夫妻一方的未婚兄弟姐妹来到这个家庭共同生活。有些农民工家庭在大城市工作，一方未婚成年的兄弟姐妹也在这个城市打工，他们有可能组成扩大家庭。

隔代家庭：由祖父母与孙代组成的家庭。现代农村社会，大量劳动力进城务工，将孩子托付给自己的父母养育，形成的就是隔代家庭。隔代家庭产生了很大的社会问题，大多数是不利于孩子心理健康成长的。

另外，还有由父母中的一方与子女组成的单亲家庭；没有履行法定结婚手续而存在的由两个异性组成的同居家庭；只有一个人生活的单身家庭等。

第四节　家庭的功能

家庭功能是指家庭在社会生活和个人生活中所发挥的作用。根据功能主义的观点，任何制度都是针对某种需要产生的，家庭作为一种社会制度，同样具有某种社会功能，并在个人的生活中发挥着某种不可替代的作用，否则家庭就失去了存在的价值。总体而言，家庭具有的功能包括以下几个方面。

一、生产功能

古今中外，几乎所有的国家都是从农业社会逐渐过渡到现代社会的。在农业社会中，最基本的生产单位就是家庭，中国自古是农业大国，农业生产基本上都是以一家一户为单位进行的。家庭作为生产的基本单位也主要是在农业生产中，进入工业社会家庭的生产功能迅速减弱，直至丧失。而在农业社会向工业社会过渡中，曾经红极一时的"个体户""家庭工厂"随着工业化、现代化的深入也逐渐被时代所淘汰。实践证明，家庭生产功能的发挥更多地集中在农业劳动或者生产规模较小、难度要求较低、资本投入不大的手工业或服务业中。现代社会大量存在的是大规模、集约化、产业链的生产方式，不是家庭能够承担的。

同时我们应当认识到，家庭作为生产的基本单位，影响的不仅仅是生产本身，更对家庭的结构、家庭的规模、家庭内部的关系产生根本性的影响。为什么农业社会中大量存在着祖孙三代，甚至四世同堂的联合家庭，而现代社会基本以夫妻家庭或者核心家庭为主？生产基本单位的改变是主要原因。

二、消费功能

前面提到家庭作为生产单位的功能在逐步减弱，甚至走向消亡，但是家庭作为消费单位的功能却在不断加强，成为影响家庭生活质量，甚至影响到整个国家经济走向的重要因素。中国传统文化中对于家庭的要求往往是"重生产，轻消费"，要求家庭成员辛勤劳作却又艰苦朴素，尽可能将消费降到最低限度。但近些年随着经济的发展，国人对于消费的观念也在不断变化，合理消费、适度提前消费的理念受到广泛认可，甚至还有人提出消费就是爱国的口号。同时家庭的消费模式也在不断变化，逐渐告别了以食品和日用品为主的基础性模式，朝向大件耐用品消费模式发展，家用电器、汽车、住房、旅行等成为家庭消费的对象。

三、生育功能

家庭是合法生育的唯一单位，国家法律和社会文化仅认同家庭生育的合法性，而家庭生育功能的正常发挥是保障一个国家和民族人口正常繁衍、维持社会正常秩序的基础。在传统社会中，家庭的生育功能被无限放大，认为"不孝有三、无后为大"，甚至将婚姻和生育的位置进行了颠覆性的调整，婚姻作为手段，生育才是最终目的。但是随着社会的不断进步，生育功能又逐渐地被削弱甚至消亡。传统文化中多子多福、养儿防老的观念已经被摒弃，即使是国家彻底放开"三孩政策"，允许甚至鼓励家庭生育多个子女，但是大部分家庭依然不为所动，不愿意多生。甚至越来越多的家庭选择了"丁克"。世界大多数发达国家的经验告诉我们，生育率与经济发展水平往往是呈反比关系，当今世界上的发达国家无不受到低出生率、老龄化严重的影响，有些国家甚至持续多年人口负增长（上海市如果仅计算户籍人口，已经连续十几年负增长），政府不得不出台激励措施，鼓励国民多生育，以尽可能维持国家人口数量。这说明，生育功能已经不仅仅是家庭的事情，而是整个社会的责任。

四、教育功能

对于大部分儿童而言，最初的社会化是在家庭和邻里环境中完成的，家庭是儿童社会化最自然、最适宜的基本场所。传统社会中，家庭是社会的缩影，孩子们在家庭中不但可以习得基本的社会规范，而且可以从长辈那里学到基本的谋生技能和生活经验。可以说，传统家庭的教化和教育功能是全面和强大的，提供了社会世代交替和文化传承的最佳机制。现代社会家庭的教育功能正在不断减弱。一方面，工作生活节奏的加快，使得家庭成员中放在子女教育上的时间和精力不断减少，很多家庭没有时间也没有能力对孩子进行良好的家庭教育；另一方面，专门的教育机构，以及电视、网络、报纸、期刊等媒体对于子女的影响力正在不断加强，这些媒体在很大程度上取代了家庭的教育作用。但是诸多案例证明，家庭教育对孩子成长的重要性依旧是无可替代的，大部分的个人品行和生活习惯都是在家庭中养成的。有学者做过研究，在工读学校（专门接收行为偏差的学生）中学习的学生，80%以上的家庭教育是缺失的，有些是父母离异，有些是家庭关系长期紧张。和睦、健康、向上的家庭环境和家庭生活能够使儿童和青少年增强抵御不良社会影响的能力，而不健康的家庭则可能成为制造个人问题的温床。

五、保障功能

我国《民法典》规定：父母有抚养未成年子女的义务，成年子女也有赡养老人的义务。在传统社会中，家庭是抚养子女和赡养老人的第一责任主体，如果家庭没有发生大的风险，也是唯一的责任主体。传统社会中的养儿防老，也主要是因为在传统"从夫居"的生活模式中，老人能够从联合家庭中得到更多的照顾；当一个家庭成员遭遇重病，为其提供医疗支持的也主要是家庭。但随着社会经济的发展，家庭的保障功能正在逐渐减弱，国家和社会对于个人的保障义务正在不断加强。儿童时期国家提供的义务教育，遭遇疾病时社会提供的医疗保障、年老以后社会提供的养老保障，在很大程度上都减轻了家庭的社会保障责任，将家庭成员从沉重的经济负担中解脱出来。从长远看，国家和社会将会提供更加全面、水平更高的社会保障，使得社会成员不因为年老、疾病、意外等原因陷入贫困或者严重降低生活质量。

六、休闲功能

家庭是休闲生活的基本场所之一。家庭提供的休闲娱乐是家庭成员放松心情、解除疲劳的需求；家庭提供的温馨、快乐的环境是儿童个人良好性格形成的重要基础，关系到儿童一生的心理健康。传统社会中，由于生产力的限制，个人的大部分精力都投入到社会生产中，对于休闲的需求非常有限。随着生产力的发展，特别是进入现代社会后，个人的工作时间不断减少，从传统社会的年终无休，逐渐提倡每周 48 小时工作制，进而又缩减为 40 小时，现在有些国家还施行 36 小时工作，个人的闲暇时间越来越长，家庭是填补闲暇时间的主要承担者。家庭承担着休闲职能，并非意味着休闲活动一定在家庭中完成，而是休闲活动以家庭为单位组织开展。

七、性满足功能

性，就如同吃饭、喝水一样，是成年人非常平常的生理需求。性满足的途径有很多，有在家庭环境下合法、合乎伦理的满足；有婚外的不正当关系的满足，尽管大部分情况下不涉及违法，但通常为社会主流文化所排斥；有通过金钱交易的满足，但被认为是一种违法行为；甚至还有通过强迫手段得以满足，这是一种犯罪行为。在家庭环境下满足性需求，不仅有利于增进夫妻关系，提高家庭的稳固程度，也可以净化社会风气，倡导良好的社会氛围，更可以降低性病、艾滋病的传播几率，提高健康水平。

八、其他功能

家庭的功能还有很多，诸如子女的地位获得功能、宗教文化的传播功能、实现社会控制功能等等。这些功能对于维持社会的稳定以及个人成功融入社会都起到了非常大的作用。例如，当今中国出现的一些社会问题，很大程度上是由于信仰的缺失，而信仰恰恰是在一个人幼儿时期通过潜移默化的家庭教育形成的，信仰又能够控制人的心灵、规范人的行为，其效果远远大于依靠强制力实施的法律。

第二章 家庭变迁及当今家庭问题

了解了家庭的基本概念后，我们现在需要了解一下长久以来家庭的变化。为什么会产生这些变化？这些变化对于人们的生活产生了什么影响？可能我们还需要进一步分析当今家庭出现的种种问题背后的原因，例如：为什么现在组建家庭的成本这么高？为什么现在离婚已经变得这么容易？外来务工家庭对孩子的成长有影响吗？

第一节 中国家庭的变迁

变迁是指一切社会现象发生变化的动态过程。变迁不同于发展，一般认为发展是正向、积极的进步，而在社会学中，社会变迁这一概念比社会发展、社会进化具有更广泛的含义，包括一切方面和各种意义上的变化。所谓家庭变迁，是指将家庭视为社会系统中的一个组成部分的变化，并不是孤立地、单个地分析家庭的变化。事实上，单独分析家庭也不具有任何实际意义，家庭的变化一定是和社会生产力的发展、经济水平的提高、社会制度的调整、文化的变化相关的。社会变迁引起家庭结构和功能的变化，同样，家庭结构和功能的变化也反映着社会变迁。

一、中国传统婚姻家庭

中国古代对于婚姻有着严格的程序规定，《礼记·昏义》《唐律》和《明律》规定"婚"的程序为：纳采、问名、纳吉、纳征、请期和亲迎，也称"六礼"。纳采，即男方家请媒人去女方家提亲，女方家答应议婚后，男方家备礼前去求婚；问名，即男方家请媒人问女方的名字和出生年月日；纳吉，即男方将女子的名字、八字取回后，在祖庙进行占卜；纳征，亦称纳币，即男方家以聘礼送给女方家；请期，男家择定婚期，备礼告知女方家，求其同意；亲迎，即新郎亲至女家迎娶。据考证，"六礼"制度最早可能出现在周朝，距今已经有2 200多年的历史，在之后漫长的封建社会发展过程中，"嫁娶"的模式基本上遵循这样的婚姻制度，成为我国封建文化的重要组成部分。上海社科院研究员徐安琪总结我国传统婚姻的几个特征：（1）婚姻价值方面，重家族延续轻夫妻感情；（2）配偶选择方面，重父母之命轻个人意见；（3）夫妻互动方面，重礼仪规范轻情感交流；（4）婚姻维系方面，重家庭义务轻个人幸福。[①] 也有学者把中国传统的家庭结构特点归纳为：家庭结构上的纵向关系趋向，横向为纵向支配和维持；观念上崇尚孝道、崇拜祖先；功能上以传宗接代为本；区位距离上从父居传统。[②]

我们认为传统家庭婚姻有以下几个特点：（1）婚姻当事人没有自主权。传统家庭讲求的是"父母之命，媒妁之言"，男女双方在新婚之夜才第一次见面。如果双方违反了这样的规定，私定终身，将被视为对封建礼教极大的挑衅，受到来自双方家庭严厉的处罚。（2）婚姻重利益而轻感情。传统社会婚姻双方讲究门当户对，两人结合的目的是为了加强两个家族的联系，使得家族获得更大的利益。这种制度安排不仅仅是普通家庭，即使在帝王之家也是如此。康熙皇帝与首任皇后赫舍里氏在大婚前就没有见过面，其婚姻也是由康熙的祖母孝庄一手操办，最主要的目的并非两人的感情，而是稳固康熙皇帝的权力地位。（3）婚姻维系建立在子嗣基础上。传统社会中维系家庭的重要因素是女性能够生育，如果家庭没有子嗣，夫妻关系很可能也会破裂。《大戴礼记》中记载妇人"七去"：不顺父母，为其逆德也；无子，为其绝世也；淫，为其乱族也；妒，为其乱家也；有恶疾，为其不可与共粢盛也；口多言，为其离亲也；窃盗，为其反义也。"七去"规定了夫妻离婚时所要具备的七种条件，当妻子符合其中一种条件时，丈夫及其家族便可以要求休妻。（4）夫妻双方权利义务严重不对等。传统家庭中

---

① 徐安琪，叶文振. 中国婚姻质量研究 [M]. 北京：中国社会科学院出版社，1999：2-6.
② 潘允康，阮丹青. 中国城市家庭网 [J]. 浙江学刊：1995（3）：66-71.

女性处于绝对的从属地位，所谓"三从四德"中的"三从"是指未嫁从父、出嫁从夫、夫死从子，"三从"涵盖了女性生命周期的所有时间，在家庭中都是没有发言权的。

中国传统家庭中以生育为婚姻的第一要旨。每个家庭都非常重视生育，将其作为整个家庭的核心任务，所谓"不孝有三、无后为大"。但"无后"不是指没有孩子，而是专指没有儿子。所以与其说传统家庭重视生育，不如说重视"生儿子"。这主要有以下几个方面的原因：第一，传统农业社会劳动生产力较低，男性在体力上优于女性，家庭中拥有更多的男性意味着可以使这个家庭获得更大的劳动生产力；第二，"从夫居"的生活方式，生育儿子意味着是"添丁"，生女儿则迟早是要出嫁的，对于自己家族而言没有太大的帮助；第三，只有生儿子可以延续家族香火，传统家庭姓氏的延续是以男性为主线的，只有家里有了男性子嗣才能将自己的血脉得以延续。偶尔出现的"倒插门"现象是建立在男女家族地位倒置的基础上，并且男性家族也是在迫不得已的情况下做出的决定，顶着较大的舆论压力。

传统家庭中以父权为中心的关系模式，加强了长者的家庭地位。祖先崇拜、祭祀制度是家庭关系中非常重要的组成部分，我国很多地区的家族都有修家谱或者族谱的习俗，这些制度在根本上都是建立在以男性为中心的基础上。在传统社会中，由于生产力较低，知识和技术的传播速度较为缓慢，长者凭借阅历和经验在家族中获得优势地位。同时再通过辈分、姓氏、祭祀等形式固定下来。再加上农村地区，许多村庄往往是同一家族或者主要是同一家族共同居住，形成一个集血缘、地缘为一体的相对封闭的村庄。于是这种扩大的宗族社区通过其制度化的组织形式，在整合乡村社会生活、维护社会秩序中发挥了不可替代的作用。

二、近代我国婚姻家庭的变化

近代以来，中国社会经历了几次大的变革，无论是遭受外敌侵略，或者内部的思想斗争，或者实践道路的创新探索，都对婚姻家庭产生了巨大的影响。我们认为近代对于婚姻家庭影响最大的事件分别是：新文化运动和改革开放。

（一）新文化运动对于婚姻家庭的影响

1915 年开始的新文化运动，是中国近代一次大规模的思想文化革新运动，具有广泛而深刻的社会影响。这一时期，中国的社会变迁无论是广度上还是深度上都是空前的。其中，妇女解放作为一项重要内容，在社会各方面的关注下取得了明显进展。妇女解放运动的开展，与人们关于爱情、婚姻、家庭的思想观念的变革有着直接的、重要的关系。

1. 反对封建贞洁观，提倡妇女解放

妇女受压迫是中国封建社会长期存在的严重社会问题。在以"三纲五常""三从四德""贞操节烈"为核心的封建社会规范的严密控制下，广大妇女饱受政权、族权、神权、夫权的多重压迫。太平天国时期和戊戌变法时期都对妇女解放运动有过一定的努力，辛亥革命爆发后，妇女解放运动在更大范围、更大规模开展起来，但后来由于北洋政府推行的"尊儒复古"政策而大踏步地倒退。新文化运动开始后，在民主和科学精神的指引下，进步人士在更大范围、更高层次上进行妇女解放运动的普及。1916 年，《新青年》4 卷 5 号刊登了周作人翻译的日本女权主义者与谢野晶子的《贞操论》。文章认为：贞操应是人人遵守、人人实践的行为准则，不能只要求妇女守贞操，不应以贞操为压迫妇女的精神枷锁。胡适认为贞操不是个人的事，乃是人对人的事；

不是一方面的事，乃是双方面的事。男子对于女子，也该有同等的态度。中国的男子要妻子替他们守贞守节，他们自己却公然嫖妓、纳妾。再嫁的妇人在社会上几乎没有社交的资格；再婚的男子、多妻的男子却毫不损失他们的身份，这不是最不平等的事吗？

1919 年，妇女解放问题在更大范围内进行讨论。李大钊撰文指出："现代民主主义的精神，就是令凡在一个共同生活组织中的人，无论他是什么种族、什么属性、什么阶级、什么地域，都能在政治上、社会上、经济上、教育上得一个均等的机会，去发展他们的个性，享有他们的权利。妇人参政的运动，也是本着这种精神起的。因为妇人与男子虽然属性不同，而在社会上也同男子一样，有她们的地位，在生活上有她们的要求，在法律上有她们的权利，她们岂能甘心在男子的脚下受践踏呢？"通过广泛的讨论，科学民主的意识得到了广泛的普及，女性的权力得到了进一步的增强，传统封建社会对于女性的压迫得到了一定程度的解放。

2. 主张女性经济地位独立，反对包办婚姻

1919 年 8 月，北京女子高等师范学校广西籍女学生李超，因其过继的哥哥无理剥夺她对于家庭的财产权和继承权，贫病交加不幸去世。陈独秀在《新青年》发表《男系制与遗产制》一文，对李超事件背后的社会因素作了深入分析，他认为李超的死不是个人问题，而是社会问题，是旧社会对于妇女经济地位的剥削。北京大学哲学系教授张竞生在 1925 年出版的著作《美的社会组织法》中也特别谈到这一问题。他认为："要求女子得与伊的兄弟同分产业——此事除从法律上要求规定外，现在最紧要的应由各地女界发起一个有计划的社会运动。"他还表示："今从我本身起，即日宣誓对于自己女孩与男孩，若有家产一律平分，这篇文就是给我女儿最好的凭据。极愿许多父母即日起来同我表示一样的主张。"

1919 年 11 月 14 日，长沙城发生了一幕惨剧：23 岁的新娘赵五贞为反抗包办婚姻，竟在迎亲的花轿中自刎身亡。此事立刻引起强烈反响，进步人士纷纷发表议论，对包办、买卖婚姻进行控诉。1920 年春，长沙又发生了女青年李欣淑反抗包办婚姻毅然出走的事件。李欣淑还登报声明："我于今决计尊重我个人的人格，积极地同环境奋斗，向光明的人生大道前进！"与赵五贞相比，李欣淑是以积极的方式反抗旧制度的，因此受到人们的称赞。当时《新青年》《女界钟》《大公报》等报刊纷纷发表文章讨论此事，引起了广泛的社会反响，使得女性的经济地位和婚姻自主权有了一定程度的提高。

总体而言，新文化运动对于婚姻家庭的解放起到了积极的作用，全社会对于男女平等、婚姻自由有了初步的认识，对于提高女性的社会地位发挥了积极的作用。

（二）改革开放对婚姻家庭的影响

改革开放以来，随着我国经济体制改革，市场经济逐步完善，社会开放程度不断提高。新的思想、新的生活方式不断被接受。人们的爱情观、婚姻观、家庭观、生育观都发生了颠覆性的变化。

1. 家庭结构小型化

20 世纪 70 年代末，中国大陆实施以计划生育为主的人口优生优育政策，计划生育政策上升为"国策"，通过国家行政机构强制推行，并且和就业、户籍、罚款、评优等与人民群众切身相关的利益进行捆绑，在很短的时间内全国的生育率大大降低。有资料显示，我国的生育率在 50 年代是 5.88，到了 1997 年，城镇已经下降为 1.2 左右，农村下降为 1.7，已经低于维持人口规模的 2.2。再加上这一时期我国的经济水平每年以超过 10％的速度增加，人们对于生育的观念也随之发生了很大变化。多子多福、重男轻女的传统生育观念向着少生优生、男女平等转变。

家庭子女的减少意味着青年、成年家庭的核心化和老年家庭的空巢化。1993 年，研究人员对于北京、上海、成都、南京、广州、兰州、哈尔滨七个城市的 5 476 名已婚妇女进行了一次大规模的调查。这次调查表明，核心家庭占 54.34％，夫妻家庭占 12.07％，两者合计占到总数的 66.41％。1998 年，研究者又抽样对上海、成都、宜宾等五个地方的 2 500 名 20—65 岁已婚男女进行调查。结果显示，核心家庭占 59.48％，夫妻家庭占 8.16％，两者合计 67.64％，主干家庭占 30.64％。由此说明，在中国的城市中，核心家庭、夫妻家庭、主干家庭已经占主导地位，联合家庭已经无足轻重。农村中，从 1953 年、1964 年、1982 年三次人口普查和 1987 年的人口抽查数据显示，农村家庭平均人口规模分别是 4.66 人、4.35 人、4.57 人、4.38 人，也是呈现逐步缩小的趋势。与城市相同，农村的家庭结构也在缩小，联合家庭已经成为少数。与城市不同的是，农村中的夫妻家庭比例较低。

2. 家庭重心的下移

在封闭的、以农业为主的传统社会中，家庭的主要结构形式为联合家庭，家庭的重心在上，年长者、辈分高者是家庭的核心，居于主导地位。但随着生产力的发展，传统社会逐渐向开放的、工业为主的现代社会转变，家庭的规模不断缩小，结构更加简单。家庭的重心也由传统的纵向为主、年长者为重，逐渐转变为以夫妻关系为代表的横向为主、儿童为重。在传统社会中，由于生产力的落后，知识的储备需要较长时间，技能以面对面的小规模传授为主，人们获得知识和技能需要较长时间和较为复杂的过程，这限制了年轻人成长的速度，而年长者却凭借经验和资历，在家庭中居于核心地位。现代社会信息传播途径和速度有了飞跃发展，年轻人可以通过各种途径、更短时间获得以往需要几十年才能获得的知识和技能。再加上现代社会更需要旺盛的精力和创新能力，这恰恰是年长者所不具备的。特别是进入信息化社会，倡导互联网经济的当下，年长者与时代的差距显得越来越明显，经验和资历的重要性严重滞后于思维力和创新力，导致在社会上年长者的优势地位不断被取代。而家庭是社会的缩影,年长者在家庭中的地位也在不断下降。再加上独生子女政策的影响,使得父母不得不将所有的希望、精力全部集中在唯一的子女身上,整个家庭的重心发生了下移。

家庭重心的下移对于社会发展有着积极的一面,那就是进一步打破了封建家长制,推进了家庭关系民主化、平等化。也进一步打破了权威定势,对于提高社会活力和创新力有极大的帮助。但重心下移也带来了许多问题,造成了老年人成为社会的弱势群体,尤其是高龄、失能、鳏寡孤独老人的权益容易受到侵害。社会上很少听说遗弃女子(未婚先孕除外)的事件,但是却经常发生老无所依、弃老、虐老的事件,对于老年人精神关怀的缺失在当今社会更加普遍,大部分老人可能拥有稳定的收入和体面的物质生活,但是在精神方面,儿女、孙辈长期缺乏关怀,已经成为严重的社会问题。解决这类问题,单靠家庭的力量是远远不够的,更需要在社会结构、社区功能上统筹解决,而且从西方的发展历程看,这种现象可能会在较长时间和较广范围内长期存在。

3. 婚姻自由度提高

我们在前文提到,中国传统社会中男女双方的结合讲求的是"父母之命,媒妁之言",双方很可能在结婚之前连面都没有见过,更别提了解对方性格了。经历了新文化运动之后,对于婚姻自由的认识在民众中有了一定的基础;1949 年后,广泛强调的人人平等又使得专制婚姻失去了空间;改革开放后,自由的思想如潮水般涌入中国人的头脑中,不仅仅婚姻自由成为国民的普遍认识,而且人们对于婚姻动机、择偶标准等有了新的思想变化。

是否结婚,原来似乎不是一个问题,中国传统文化中"男大当婚,女大当嫁"的观念传承了几千年。但是现在却在一定程度上面临着挑战。越来越多的人选择不结婚,或者晚结婚。不结婚或者晚结婚,有些是出自主观意愿，也有很多情况是出自无奈。现实中工作压力大使得年轻男女们没有心情思考婚姻，工作节奏加快使得年轻男女们没有精力谈情说爱，结婚成本高使得年轻男女们不敢轻易谈婚论嫁，众多的原因使得单身贵族数量不断增加，但其背后凸显的是婚姻的重要性在降低。

　　和谁结婚，也就是所谓的择偶标准，随着时代的发展不断地变化。20 世纪 80 年代以前更加注重所谓的"出身"等政治性标注，如果一个女性的出身是"地主"，其婚姻的选择面将会很小，如果出身是军人或者干部，可能会有很多追求者。改革开放后，由于国家提倡知识经济，重视文化教育，高学历者又一度受到欢迎；而随着改革的程度不断深入，仅有学历却不能获得较好的生活条件，人们对于高学历的追求又转向对于财富的追求，对于"经济理性"的重视也使得择偶标准充满了功利主义色彩；近年年轻人的择偶标准又出现了多元化的倾向，恐怕很难用一种或者几种标准来概括，道德标准、经济标准、文化标准共存。

4. 离婚率提高

　　在传统社会，婚姻不是个人的事情，而是两个家族的事情。婚姻的目的是维护两个家族的利益、延续其中一个家族的血脉，至于婚姻当事人的情感则是次要考虑的。因此，当婚姻当事人由于自身的原因希望解除婚姻的时候，遭受的可能是来自两个家族的共同反对，其压力是空前的。传统文化中对于离婚设定了严苛的条件，女性基本上是没有离婚权力的，男性也只有在发生"七出"的情况才可以提出"休妻"。尽管新文化运动后，女性在婚姻上获得了更大的自由，但是将婚姻家族化却一直影响到现在，导致在改革开放前中国是世界上离婚率最低的国家之一。

　　1980 年，我国对《婚姻法》进行了重新修订，再次强调了结婚自由包括结婚自由和离婚自由两个方面，一些公众对高稳定、低质量的

"维持式"婚姻提出质疑。社会上开始对离婚持包容态度的人越来越多，亲朋好友也不再秉持"劝和不劝离""宁拆十座庙，不毁一桩婚"作为调解家庭关系的出发点。人们开始更加重视婚姻质量，对婚姻的过错分析也更加理性，逐渐开始接受"离婚并非一方有过错，不合适的婚姻只能让双方更痛苦"，希望能尽快结束毫无感情的不幸婚姻或者死亡婚姻。中国的离婚率不断提高。据统计，1980年我国的离婚率是0.7‰，1990年是1.4‰，1995年是1.8‰，2010年突破2‰，到2013年已经达到2.6‰。从我国离婚者的构成来看，30岁左右的年轻人比例较大；从性别角度，女性为原告的离婚案件占多数，城市妇女离婚比例高于农村妇女，文化程度和职业层次越高的妇女离婚的比例越高；从离婚的原因看，性格不合、不善于调试夫妻关系、子女教育、经济矛盾、性生活不和谐、第三者插足是离婚的主要原因。离婚率的提高，一方面说明社会的自由度提高了，使得人们可以享受更高的生活质量；但另一方面，离异家庭往往在子女教育、老年人赡养等方面会受到重要影响。

5. 分居、移居家庭数量增加

1978年中国的改革开放首先是从农村开始，实行家庭联产承包责任制之后，使得农村的劳动生产率提高，但可供种植的土地并没有和劳动生产率同步增加，这就使得农村必然会出现大量富余劳动力。同时，大规模的城市建设和工业生产又需要大量廉价劳动力，两者一拍即合，自20世纪80年代开始，中国大地上出现了农民工（最早称为民工）。农民工是一个很特殊的群体，从我国的户籍制度上讲他们还是农民，持有农业户口，但是他们平时生活在城市，从事着与农业毫不相关但却异常辛苦的职业，每年只有在农历新年的时候才回到自己的家乡与亲人团聚，这样的工作模式形成了大量的分居家庭，造成了农村中大量存在的留守妇女、留守儿童。2000年以前的农民工以男性为主，以体力劳动为主，但进入2000年，农民工群体发生了较大的变化，开始有越来越多的农村家庭移居到城市，形成大量的移居家庭。

　　毋庸置疑，大量的分居家庭、移居家庭为中国的城市建设做出了无法估量的贡献，同时也为提高农村生活水平、促进农村经济发展发挥了积极作用，间接地促进了中国城市化的进程。毫无疑问的是，分居、移居家庭对于家庭本身也产生了很大的影响。分居家庭首先影响了夫妻关系，由于长期两地分居，双方的生理需求长期无法获得正常渠道的满足，于是在城市中大量出现"临时夫妻"的现象，留守在农村的妻子也常常发生"红杏出墙"的情况；其次是影响了家庭教育，由于父亲角色的缺失，使得孩子在成长过程中正常人格的养成受到了一定的影响；再次，赡养老人也成为大问题，很多家庭父母只能交由留守在农村的妻子照看，老年人的生活质量处于较低水平。移居家庭尽管全家在一起生活，但是相比城市居民，移居家庭还是有很多问题：第一，二代农民工社会认同的问题。农民工的子女很多出生在城市或者生长在城市，已经不具有农民的生存技能和思维方式，但是城市却并不接受这些人的存在，在户籍、就业、社保等方面没有给予公平的对待。第二，求学道路的问题。大部分二代农民工需要在城市接受教育，但目前大城市显然没有做好充分的准备，设置了较多的条件来优先保证本地居民的就读需求，拒绝二代农民工在城市读书。第三，农村养老问题。移居家庭的父辈或者祖辈往往还留在农村，这也间接造成了农村留守老人的养老问题。

6. 女性的家庭地位逐步提高

　　有些专家将 21 世纪称为女性的世纪。自 20 世纪下半叶开始，女性已经在越来越多的领域中发挥更加重要的角色，所有的职业中都可以看到杰出女性的身影，就算在政治、军事、航天等传统男性占绝对主导地位的领域，女性也是越来越多地加入其中。同样，在家庭里女性的地位也在不断提高。

　　过去传统社会，中国家庭受到儒家思想的影响，强调女性应该遵守"三从四德"的妇道，平民百姓则认为女性在家庭中应当扮演贤妻良母、相夫教子的角色，不应当走出家庭参与社会活动，这是自身价值的体现。到了现代社会，我国女性已经走出家庭，实现就业。社会经济地位的提高，使得女性在婚姻家庭生活中的地位也相应大为提高。中国颁布的婚姻法，对女性的家庭权益进行保护，实行男女平等的婚姻制度，为提高女性的家庭地位提供了法律保障。我国实行的计划生育政策，客观上也有利于在婚姻家庭生活中实现男女平等关系。根据徐安琪对上海的调查研究表明：随着父权家庭向平权家庭、男子继承制向两性平等继承制的转化，原有的男子单系的亲属网络也发生了根本的变化。亲属网络已经实现了向双系并重的过渡，甚至有向女性亲属偏重的趋向。① 我们经常可以在媒体中看到报道，小两口为了过年去谁的父母家而发生争执，结果往往是女性获得胜利，至少也是平均主义。

7. 性观念的开放

中国传统文化中对于"性"的理解是封闭的，在正统的文学作品中对于性的描写也是隐含的，公开地谈论性，甚至表露对性的渴望都会被认为是"淫乱"。随着改革开放进入中国的不仅有开放的经济领域思想，人们对于性的理解也越来越开放，性解放已经深入地影响了中国家庭。性解放，最初是反对性别歧视，争取妇女与男子享有平等社会地位和政治经济权利的女权运动，同时要求改变基督教禁止离婚的戒律，主张婚姻自由。此后，从这些合理要求逐渐演变为对宗教性道德的全面否定，认为性交是人人都应有的与生俱来的自由权利，性行为是个人私事，只要双方自愿就可以发生两性关系。性自由者反对性约束，主张性爱和情爱分离，性和婚姻分离，否定童贞和贞洁观念，对婚前和婚外性行为、试婚及同居持接受态度。

---

① 徐安琪. 城市家庭社会网络的现状和变迁 [J]. 上海社会科学院学术季刊，1995（2）：77－85.

第二节　中国的婚姻家庭问题

从改革开放至今，中国社会经历了深刻的变化，影响到社会生活的各个领域。婚姻家庭领域也发生着历史上最深刻的变化，出现了很多新现象、新问题。特别是进入 20 世纪 90 年代以后，随着开放程度的日益加深，新思想、新文化涌入国内，再加之传统文化中对于人性约束的缺失，使得婚姻家庭问题不断增多，未婚同居、未婚先孕、婚外恋、同居、包二奶、家庭暴力、冷暴力等现象层出不穷。当前我国社会所面临的问题，除了前文所述变化所带来的问题之外，还包括以下方面：

一、婚姻对性行为的社会控制能力在减弱，婚前、婚外性活动日益活跃

在社会转型过程中，人们的性观念、性道德已经发生了很大的变化。越来越多的人对待性秉持开放的态度。从婚前性行为来看，未婚人口的初次性行为的年龄不断降低，性行为的次数不断增加。一项城市调查显示，少女未婚先孕的年龄在逐年下降，1984 年为 20 岁，1985年为 18 岁，1986 年又降到 16 岁。上海未婚少女流产人数 1982 年为3.9 万例，1983 年、1984 年分别上升为 5 万例和 6.5 万例，呈明显上升趋势。1989 年进行的全国 2 万例性文明调查结果表明，我国平均每100 个中学生中有 1 个，每 10 名大学生中有 1 个曾经有过性生活的

体验。

　　婚外性行为大致可以分为性与情感分离以及性与情感并行的两种类型。前者表现为卖淫嫖娼中发生的性交换，后者指婚外恋情。在目前这个社会转型期，很多人已经不再把性行为和爱情、婚姻联系在一起。由此表现出性行为的取向也呈现多元化。根据调查，北京市离婚案件中由婚外情引起的比重1982年为14％，1983年为30％，1988年为40％左右。全国2万例性文明调查结果也显示，有婚外性伴侣的已婚人口比重城市和农村均为6％；其中男性在婚人口的比重为10.2％，女性在婚人口的比重为4.7％。

二、婚姻生活质量不高

　　国际上用来衡量婚姻生活质量的指标主要包括幸福感、对婚姻的满意度、婚姻关系的弹性（及夫妻调解婚姻矛盾和冲突的能力）、夫妻互动的难易程度（及夫妻之间的沟通和整合状况）以及婚内性交流的欢愉程度。据调查，我国婚姻质量的这些标准值并不理想，婚姻质量有待提高。有人估计我国婚姻的60％是属于凑合性的。也有的调查表明，我国夫妻关系中约有三分之一属于有问题或者低质量的，而且女性的婚姻满意度低于男性。在内地不发达的农村中，不如意的婚姻多表现在婚姻自由度比较低，婚姻观相对落后，养儿防老、多子多福的传统观念仍然占有重要位置。

三、离婚率逐年上升，婚姻的平均寿命缩短

　　由于多方面的原因，使得20世纪80年代以来，我国的离婚率出现了迅速上升的趋势。离婚率的上升，会引发其他一系列的问题。根据有关调查，离婚者主要面对的障碍包括以下几个方面：第一，离婚

后，即面临年幼子女抚养的问题，或者对子女的探视受到阻碍；第二，离婚后通常引起住房方面的困难；第三，再婚者难以找到合适的配偶；第四，离婚往往导致女性的经济状况恶化，离婚妇女的生活水平普遍比离婚前要低得多。

四、特殊"婚姻"引起的家庭问题

随着改革开放的深入，西方流行的对传统婚姻进行替代的几种模式也开始在我国出现。第一种是独身不婚的，其中包括自愿独身或者由于各种原因非自愿独身的；第二种是同居；第三种是重婚，或者没有履行结婚手续而长期生活的，包括纳妾、小秘、包二奶等变相的重婚；第四种是同性恋。

自 20 世纪 80 年代至今，独生子女的家庭教育问题一直是我国社会各方所普遍关注的重要议题。2000 年前后，全国独生子女人数超过 5 800 万。很显然与此有关的独生子女家庭教育问题已经成为一个不得不引起重视的新课题。在我国，家庭教育明显不能适应社会的变迁。在一般的城市家庭中，父母都是双职工，迫于工作压力，他们往往把大部分的时间和精力放在工作上，与子女单独相处的时间较少，无暇顾及子女的教育问题。而在农村家庭中，有的父母因为家庭贫困或忙于生计，只能养育孩子，而把主要精力用于解决孩子的温饱问题，有的家庭甚至连子女的基本义务教育都无法支持。还有的家庭由于家庭结构的某种缺陷，使得无法充分发挥家庭的教育功能。如在单亲家庭中，单亲父母对子女的教育就存在很大的限制。随着离婚率的持续上升，不完整家庭所占的比例也将随之上升，由此带来的子女教育问题将随之越发凸显出来。与上述两方面的家庭教育问题相关的是，如果家庭教育不足，就可能引发包括青少年犯罪问题在内的青少年反社会行为，很多青少年之所以在社会化过程中出现偏离，本身就是家庭教育失败或者缺乏的结果。为此，协助父母在家庭教育上采取一些预防或者补救措施，为那些有困难的孩子和家庭提供专业的帮助和支持，使他们重新走上健康成长之路，是社会的一项重要责任。

第三章　家政的起源与专业化发展

家政是不是伴随着家庭的存在而存在呢？在中国历史上，家政这个名词是从什么时候出现的？今天我们提到家政，大家的脑海里浮现出的大多是烧饭、洗衣之类的家庭事务，那家政是不是就等同于家务呢？如果等同于家务，是不是有必要在大学里开设一个"家务"专业？如果不是，家政学的内涵是什么？在本章中我们将讨论这些问题。

第一节 家政的起源与发展

一、家政的起源

我们说的家政起源，严格意义上应该说是家政的雏形，而且还有一点传说色彩，但这也不影响我们对于家政这个专业和职业的理解。

最早关于家政的记录，是上古黄帝时期的嫘祖，嫘祖是黄帝的正妃。据司马迁所著《史记》中《五帝本纪》记载："黄帝居轩辕之丘，而娶于西陵之女，是为嫘祖。嫘祖为黄帝正妃，生二子，其后皆有天下。"相传黄帝战胜蚩尤后，建立了部落联盟，黄帝被推选为部落联盟首领。他带领大家发展生产，种五谷，驯养动物，制造生产工具。而做衣冠的事，就交给正妃嫘祖了。在嫘祖生活的年代，正处于原始社会的末期，部落中有些人负责狩猎和采集，有些人从事简单的自然农业劳动，食物勉强能够维持部落的生存，穿衣却始终是一个大问题，当时负责为部落做衣冠的主要有四个人：胡巢、伯余、于则和嫘祖，他们四个人还进行了分工。胡巢负责做帽子，伯余负责做衣服，于则负责做鞋子；而嫘祖则负责提供原料，她经常带领部落的女人们上山剥树皮，织麻网，她们还把男人们猎获的各种野兽的皮毛剥下来，进行加工。嫘祖一直在思考如何让自己做的衣服既能够御寒，而且穿着舒服，活动自如。

有一天，嫘祖手下几个负责做衣冠的女人上山摘野果，她们走了很多地方，都没有摘到能够食用的野果。眼看着天就要黑下来了，她们在一片树林中发现有几棵树上结满了白色的小果。她们以为找到了好鲜果，就忙着去摘。由于天色渐晚，她们没有顾得上尝一尝，等各人把筐子摘满后就匆匆忙忙下山。回来后，人们尝了尝白色小果，没有什么味道；又用牙咬了咬，怎么也咬不烂。后来拿给嫘祖看，嫘祖看了之后非常高兴，对周围女子说："这不是果子，不能吃，但却有大用处。你们为黄帝立下一大功。"第二天，嫘祖不顾黄帝劝阻，亲自带领妇女上山看个究竟，嫘祖在树林里观察了很长时间，才弄清这种白色小果，是一种虫子口吐细丝绕织而成的，并非树上长的野果。她回来就把此事报告黄帝，并要求黄帝下令保护这座山上所有的树木。黄帝同意了。从此，在嫘祖的倡导下，开始了栽桑养蚕的历史，有了丝织品，衣服的舒适度大大提高。后世人为了纪念嫘祖这一功绩，就将她尊称为"先蚕娘娘"。

从嫘祖养蚕的传说可以看出，家政是伴随着家庭的出现而出现的，当时人类的一切生活围绕着家庭，职业还没有形成，工作场域还未从家庭中脱离出来。照顾人饮食起居、生活一切的事务就称之为家政。

二、封建时代的家政

（一）家国同构的家政思想

中国自古就有家国同构的家政思想，家族是家的扩大，国家也是家族的延伸。《礼记·大学》说："身修而后家齐，家齐而后国治，国治而后天下平。"意思是家是国的缩影，能把自己家庭经营好的人，也一定能够把国家治理好，能把国家治理好的人，也能够协助天子（皇帝）把天下治理好。

从社会发展的角度，封建社会是小农经济，整个国家大厦是建立在亿万个家庭基础上的，每个家庭都是一个独立的生产单位，家族也是独立的生产单位，国家也是一个独立的生产单位。无论是家庭、家族、国家都使用一套共同的宗法制度进行治理。于是，治理家庭的方法就如同治理国家的方法一样。家政也就是缩小了国家治理法。

在中国古代的文献中，也经常能够看到关于"家政"的表述：

南宋绍熙年间的状元陈亮①，在其所写的《凌夫人何氏墓志铭》中写道："家政出于舅姑，而辅其内事惟谨，房户细碎，无不整办。"

明代方孝孺②所著《与采苓先生书》之二中写道："执事以高年厚德主家政，一门之内英才异能者如云。"

清代戏曲作家李渔③所著《怜香伴·逢怒》中写道："如今舍表妹自愿做小，要求令爱主持家政。"

从这些文献中可以看出，封建社会所说的家政是指对于家庭的治理，治理者本身也是国之栋梁，或者文坛巨匠。能治理一家之人，某一时刻即能够治理一个国家。

（二）封建社会的女性家政教育

众所周知，中国封建社会女性地位低下，在家庭中不仅没有发言权，万事都要依附于男性。所谓三从四德，在家从父、婚后从夫、夫死从子，大门不出，二门不迈。连最重要的婚姻权都不能掌握在自己手里，讲究"父母之命，媒妁之言"。即使是自己的丈夫死了，要么恪守终身，要么随夫殉情，再嫁则是不被社会所接受的事情。

这种观念要被女性普遍地从心底里接受并落实在行动中，当然不能仅靠外界的压力，而是要通过文化的教育，内化于女性的价值观中。古代女子教育主要包括《女戒》《内训》《女论语》《女范捷录》四本书，被称为"女四书"。

---

① 南宋著名思想家、文学家。倡导经世济民的"事功之学"，创立永康学派——作者注。
② 明初著名思想家，建文帝时期翰林学士、因被朱棣灭"十族"而名垂千史——作者注。
③ 明末清初文学家、戏剧家、戏剧理论家、美学家。素有才子之誉，世称"李十郎"——作者注。

1.《女戒》

《女戒》的作者，是著名的东汉史学家、《汉书》作者班固的妹妹班昭。《女戒》对于中国女性的影响一直延续到民国初年，成为女子的启蒙读物。《女戒》包括《卑弱》《夫妇》《敬顺》《妇行》《专心》《曲从》和《叔妹》，一共七章。其中第五章《专心》中讲到："夫有再娶之义，妇无二适之文，故曰：夫者，天也。天固不可逃，夫固不可离也。"彻彻底底地宣扬男尊女卑的价值观。

《女戒》一方面提高了女性对于社会规范的认识和普及，在当时的历史条件下具有一定的积极作用。但同时这种传承千年的价值观，迫使女性长期处于被压迫中，到了封建社会后期又客观上阻碍了社会的发展。

2.《内训》

《内训》的作者是明成祖朱棣的皇后徐仪华，她在朱棣夺取政权后被封为皇后，非常重视对女子的教育，认为古时的教育有很好的方法，男子八岁开始学习，有比较完整的学习材料，但是女子教育没有一个完整的教本，世人往往取《女诫》来教育女子，但常常苦于太简略。只有高皇后（太祖朱元璋原配马皇后）的教诲与训诫，远远超过之前的这些言论，足以留给万世之人作为法则。于是在永乐二年，徐仪华皇后结合历代有关女子教育的论述和马皇后的有关言论，著成《内训》二十篇，内容涉及德性、修身、谨言、慎行等诸多方面，在当时实属难能可贵。

3.《女论语》

《女论语》的作者，是唐代贞元年间宋若莘、宋若昭姐妹。这本书分立身、学作、学礼、早起、事父母、事舅姑、事夫、训男女、管家、待客、和柔、守节，一共十二章。所谓《女论语》就是相对于《论语》而言的，详细规定女子的言行举止和持家处世事理。相对于其他学习材料，《女论语》直接正面阐述，告诉女性应该做什么，也从否定的角

度明确提出女性不应该做什么，同时又从惩罚的角度告诉女性，如果
这么做会受到怎么样的惩罚。

例如，《女论语》第五章事父母的最后部分提到："莫学忤道，不
敬爹娘。绝出一语，使气昂昂，需索陪送，争竞衣装。父母不幸，说
短论长。搜求财帛，不顾哀丧。如此妇人，狗彘豺狼。"明确了女性不
应该有的行为以及惩罚的内容。

4.《女范捷录》

《女范捷录》的作者是明末清初王集敬的妻子、王相的母亲刘氏
（历史上未留下全名），她撰写的目的是作为家庭女教读物，这本书包
括统论、后德、母仪、孝行、贞烈、忠义、慈爱、秉礼、智慧、勤俭、
才德，共十一章。其中最后一章"才德"的第一句："男子有德便是
才，斯言犹可；女子无才便是德，此语殊非。"到今天我们依然耳熟能
详的这句话就是出自《女范捷录》。

以《内训》为代表的"女四书"，作为封建社会女性家政教育的核
心内容，主要作用在于告诉未经世事的女子修身和为人处世的方法。
主要包括柔顺的品格、谨言慎行的性格、勤俭持家的作风、孝道妇道
的伦理、母仪慈爱的氛围。作为古代家政的重要组成部分，如果用今
天的眼光去审视，可能显得不合时宜，但是在当时的历史背景下，对
维护社会秩序、规范伦理道德还是发挥了积极的作用。

三、近代家政

如果按照现代学科的分类标准，中国封建社会的家政学可以被分
在哲学或政治学大类中。而近代家政学的内涵，则有了更多的自然科
学的属性。

1840 年，卡特琳·比彻尔女士撰写了《家事簿记》一书和《论家
政》一文，首先对家庭问题作了科学性的探讨，并描述了解决家庭问

题的实际方法。① 为家政学作为一门独立学科的发展发挥了重要作用。而目前学界比较公认的，家政学作为一门独立学科出现的时间是 1899 年，在美国纽约的柏拉塞特湖俱乐部召开的家政学学术会议中，首次将"家政学"作为家政科学管理及有关主题研究的专有名词。② 在 1908 年 12 月，世界首个家政学学会在美国华盛顿成立，并开始发行自己的学术刊物。

为什么现代家政学会在美国出现，中华女子学院的陈朋老师归纳为三个原因：第一，理性精神的发展，或者称为科学技术的应用，使得生活能够更加精确化、科学化。这一点恰恰是中国文化中缺少的，西点制作中各种原料都是精确到克，烘焙时间精确到秒，不同西点师按照统一配方、统一工艺，成品大致口味一致；中式烹饪的技法大多用"少许""适量"表示，这使得难以标准化，同一个菜不同厨师不同口味；第二，转型社会中的性别分工逐渐形成，英国的"羊吃人"现象在美国同样发生，这使得大量劳动力从土地中解放出来参与社会生产，男性主宰公共领域而女性负责私人领域的性别分工逐渐形成；第三，人文精神下的女性解放，女性也可以获得高等教育的权力逐渐被社会广泛接受。③

近代家政传入中国主要是源于日本和美国，最早关注家政的可能是随夫留学的单士厘，她翻译了日本家政学者下田歌子在 1893 年所著的《家政学》。1906 年北洋女子师范学堂开设家政课程，主要内容涉及家庭卫生、服装、饮食、育儿、看护等；1923 年，燕京大学成立家政系，开设营养学和儿童发展学两个方向，第一届家政系的毕业生有 8 人。金陵女子文理学院在 1940 年开设家政系，成为"金女院"的第三大专业。

---

① 钟玉英. 家政学［M］. 成都：四川人民出版社，2000：9.
② 汪志宏. 家政学教学参考用书［M］. 北京：中国劳动社会保障出版社，2015：17.
③ 陈朋. 美国家政学学科发展研究：现代性的视域［M］. 北京：中国社会科学出版社，2015：15-21.

第二节　家政相关概念辨析

上一节我们谈了家政的起源与发展，也许读者们会产生这样一个疑问：这里所说的家政，似乎和日常生活中大家熟悉的那个"家政"不一样。我们通常说，请一位家政服务员来帮我们做饭、洗衣、扫地……好像没有上文所说的"家国同构"这么高大上。所以，接下来我们还需要对于相关概念做一个辨析。

这里主要涉及到四个概念：家务、家政、家政学、家政服务。

一、家务

家务，《现代汉语词典》的解释是家庭事务①。短短的四个字，却留下了极大的内涵空间，既有平常人所说的开门七件事：柴、米、油、盐、酱、醋、茶；又有传统家庭都会碰到的缝新补烂，洗洗换换；也可能有农村家庭的饲养家畜、家禽，还有房屋的修建等；至于家具的购置和保养、家庭的采购和消费等，自然也属于家务。

从社会普遍认知我们可以得出关于家务的几个特点：第一，家务具有实务性，没有理论的指导自己动手完成生活的需要；第二，家务具有自助性，是家庭成员满足自我生活需求的一种自助性活动；第三，家务具有简单性，大多家务并没有复杂的工艺和程序，一般家庭成员

① 中国社会科学院语言研究所词典编辑室. 现代汉语词典（第7版）[M]. 北京：商务印书馆，2018：625.

都能够掌握操作要领，在家庭中完成；第四，家务技能习得具有非正规性，通常意义上家务都不需要专门的学习，而是通过代际学习、非正式亲朋好友之间的信息传递而活动；第五，家务质量的任意性，一般情况下家务做到什么程度，质量如何，都是由家庭成员自己决定，具有相当的主观性，没有客观统一的家务标准。

二、家政

家政和家务仅一字之差，但概念却不相同。同样是《现代汉语词典》，对于家政的解释是指家庭事务的管理工作，如有关家庭生活中烹饪、缝纫、编织及养育幼儿等[①]。仅从中国汉语的角度就能发现，相对于家务的实务性而言，家政是一种管理工作。当然我们认为《现代汉语词典》中对于家政管理性的定义，还缺乏准确性与全面性。

本书认为：家政是指在一定的理论指导下，有计划、有方法、有评价地对于家庭的物质生活、精神生活、文化生活、社会生活进行科学管理的过程。

这个定义中，我们可以发现家政有以下特点：第一，家政的管理性。家政不再是一种简单的事务操作，而是对于家庭高质量生活的管理；第二，家政的服务性。既然是管理就不是一个人可以完成的，这时候有可能需要借助于外力，共同提高家庭的生活质量；第三，家政的复杂性。家政不再是简单地对于家庭物质生活的安排，还包括精神生活、文化生活和社会生活，可以说包括了现代家庭的方方面面；第四，家政的科学性。家政是有理论指导下的一种活动，那么正确的活动背后一定是有科学的理论指导，家政相关理论的研究也应当具有现代科学精神；第五，家政的可评价性。尽管家庭生活本身具有一定的

---

① 中国社会科学院语言研究所词典编辑室. 现代汉语词典（第7版）[M]. 北京：商务印书馆，2018：625.

主观性，张三认为好的生活李四未必满意，但对于社会而言，科学的生活方式受到大多数成员的认可，应该有一套客观优良标准的评价体系。

三、家政学

《词源》对于家政学的解释是："研究治家种种事项之学。凡家事经济、衣服、饮食、房屋、服饰、卫生、侍疾、育儿及家庭教育、交际、礼仪、役使奴婢等，皆赅之。"

《新时代百科全书》对于家政学的解释是：这一知识领域所关注的，主要是通过种种努力来改善家庭生活：一、对个人进行家庭生活教育；二、对家庭所需的物品和服务的改进；三、研究个人生活、家庭生活中各种不断变化的需要和满足这些需要的方法；四、促进社会、国家、国际状况的发展以利于改变家庭生活。

朱贤枚主编的《家政学》一书认为家政学涵盖四个方面：第一是物质生活，第二是精神生活，第三是社会关系，第四是家政建设。[1]

王乃家所著的《家政学概论》对于家政学下了如下定义：所谓家政学，是在了解家庭的起源、性质、结构、功能、关系的基础上，用科学的态度和科学的方法着重研究现代家庭生活各方面的经营和管理，指导家庭生活科学化的一门学问。简言之，它是以改善家庭物质生活、文化生活和伦理生活为目的的一门综合性应用科学。[2]

本书认为，家政学是建立在现代社会科学、自然科学基础上的一门综合性、应用性科学，重点研究现代家庭中的物质生活、精神生活、文化生活、社会生活，以提高家庭生活质量，促进社会和谐发展。

---

① 朱贤枚. 家政学 [M]. 北京：光明日报出版社，1997：12.
② 王乃家. 家政学概论 [M]. 吉林：北方妇女儿童出版社，1987：14.

四、家政服务

目前对于家政服务的理解在一定程度上存在矮化、简单化的现象。将家政服务简单地理解为家务服务，认为家政服务就是通过市场行为，为家庭提供烧饭、洗衣、扫地等简单的劳务。这样的理解很大程度上限制了家政服务行业的发展，限制了服务领域的扩大和服务质量的提升。

我们认为，家政服务是在家政学理论的指导下，对于家庭生活中的物质生活、精神生活、文化生活和社会生活提供的专业、科学、全面、高质量的支持服务，目标是提高家庭生活质量，促进家庭成员的发展，提高社会和谐程度。家政服务不仅是家庭没有精力完成的工作，更应该是凭借家庭的能力无法达到的专业性的工作。

第三节 国外家政学的专业化发展

前文说过，现代家政学发源于美国，后再流传至世界各国。家政学曾经是许多高校开设的重要专业。民国时期的金陵女子大学，家政学是仅次于英语和社会学的第三大专业。但随着科学技术的发展，家政学中的很多领域纷纷分化出，形成独立的专业。例如营养学、教育学中的家庭教育、护理学等纷纷独立，家政学的内涵在一定程度上受到削弱。中华人民共和国成立后，家政学被取消，相关内容并入其他专业，但在其他国家，家政学专业和家政学研究依然在继续，并且有了一定程度的发展。下面就来了解一下其他国家的家政学专业化发展之路。

一、美国的家政学

美国是现代家政学的起源国，美国也是近代最早实现工业化的国家之一。工业化的发展使得大量农民失去土地进入城市，成为产业工人，一开始是男性，后来逐步发展到女性也离开家庭步入社会，包括子女教育在内的家庭事务就存在着专业化和社会化的需求。再加上科学技术的发展深入到普通人的生活，需要一个专业深入研究家庭生活。

美国家政学的发展，呈现出教育先行的特色。美国的家政教育包括学历教育和社区教育两个渠道。学历教育包含了从幼儿园的学前教育一直到博士教育、职业教育的各个阶段。

（一）中小学家政教育

美国的中小学教育各个州都不尽相同，中小学阶段的家政教育并非以职业为目的，而是在学生中普及家政知识，丰富学生的家庭生活本领。课程包括家政与消费、家庭食品与营养、住宅设计与家庭生活、人际交往礼仪等。

美国的中小学教育实行快乐教育，数学、语文等文化知识占比并不高，活动类、体育类、实践类的课程占了中小学教育的相当比例，普通家政教育告诉学生家庭生活的基本原理、家庭烹饪的基本方法、家庭食品的保存，也包括一些服装制作和缝纫的课程。

（二）高等家政教育

美国的家政高等教育也分为两种，一种是以学位为目的的学历教育，包括学士、硕士、博士学位，这些专业通常会研究家庭生活、家庭经济、家政产业发展、家政劳工等，以此为专业的人从数量上来说并非很多。另外一种是以课程为单位，面向普通大学生提供的家政课程。1947年，美国教育总署成立青年生活适应教育委员会，发表《为每个青年的生活适应教育》，正式有了"生活适应教育"这一口号。家政课程是实现这种教育的良好手段。在美国小规模的学院中，可能涵盖2—3种家政课程，而在大规模的大学中，家政领域包括相关的专业科目。

（三）家政培训

家政培训主要是指各种成人的家政教育，往往通过短期的培训班的形式进行。美国家政培训的辐射面很广、内容丰富、形式多样，已经成为传播家政教育信息的重要手段。

家政培训的内容包括家政职业观念培训，美国的就业文化就是职业面前人人平等，职业没有高低贵贱之分，从不会有人因为从事家政业而感到惭愧。另外很重要的一部分是职业技能的培训，包括和客户建立良好的关系、家政各个领域的专业技能等，而且政府会为职业培训提供资金支持和就业岗位的推荐。

二、日本的家政学

日本文化源于中华文明，和中国封建社会相似，日本存在着严重的男尊女卑的社会观念，这种观念一直影响到现在日本的家政教育和家政产业的发展。日本传统意义上的家政教育称之为"家事科"，是一门对于女性实施特殊教育的学科，也称为"花嫁修学"，即女孩子在结婚前应当学习的科目，从中可以看出浓厚的封建色彩。甚至晚清政府颁布的"癸卯学制"中《奏定蒙养院章程及家庭教育法章程》一章中专门推荐了日本的家政教育，认为其"平正简易、与中国妇道妇职不相悖"。

（一）家政教育对于日本的贡献①

日本的家政教育通过学习社会生活中的衣食住行、家庭生活等相关知识和技能，培养学生养成良好的道德习惯、遵守日本社会的基本共识，并以此提高国民的生活质量、生态环境保护等。主要为日本社会做出了以下几方面的贡献：

1. 改善居民营养膳食搭配，提高国民体质

日本是世界上人均寿命最长的国家之一，这和家政学培养学生提高饮食质量、促进健康饮食有密切关系。在日本的基础教育中，学生就要学习关于食物和卫生、营养的知识和技术。

2. 改善居民生活条件，加快城市化发展

日本国土面积狭小，耕地面积非常有限，城市化程度相比其他国

---

① 汪志宏. 家政学教学参考用书［M］. 北京：中国劳动社会保障出版社，2015：257 - 261.

家要高很多。家政学提出"生活革命""改厨、改厕""寝食分离""长幼分离"等原则，促进了生活条件的改善。

3. 完善社会养老机制，促进社会保障的覆盖

毫无疑问，日本也是世界上老龄化程度最高的国家之一，也是养老服务业发展最好的国家之一。在日本的高中和大学课程中，设有老龄者环境论等课程，涉及老年人的生活、家庭、社会等多个方面。

（二）日本的家政教育

当下日本的家政教育经过多次改革，以人文主义为导向，实现男女共学共修，培养青少年的生活自理能力和态度，促进学生思考和理解自己在社会上的角色和责任，培养学生的独立和自主意识。

1. 基础教育

在日本的小学、初中、高中课程中都包含家政教育的内容。

小学阶段包括手工课和衣食住行等内容。例如，小学生需要学习以平针法、回针法、半回针法缝制纽扣和锁边，也需要学习根据人数用瓦斯炉煮饭。

初中阶段的家政教育包括技术和家庭两个领域。技术领域需要学习木材加工、金属加工、机械、电器、植物栽培等；家庭领域需要学习衣物洗涤收纳、食物制作、住宅布置、保育工作等。

高中阶段的家政教育分为生活技术和家庭生活基础两个部分。生活技术要学习电器原理、机械加工、家庭园艺、信息技术等；家庭生活基础包括家庭经济消费、衣食设计制作、居住设计管理、儿童发展、幼儿保育等。[1]

2. 高等教育

日本高等院校的家政教育，除了家政学以外，还包括生活科学、

---

[1] 汪志宏. 家政学教学参考用书 [M]. 北京：中国劳动社会保障出版社，2015：266－267.

人类福祉学、生活环境学等。

日本家政高等教育也分为专业和课程两个部分。日本的家政专业分类比较细，包括家政生活方面、被服学方面、食物学方面、居住学方面、儿童学方面的学科。例如日本女子大学，设有家政学部，开设儿童学科、食物学科、居住学科、衣物学科、家政经济学科等专业。同时开设家政学相关课程的高校，也对学生提供相关课程的学习。

三、菲律宾的家政学

菲律宾位于西太平洋，是东南亚一个多民族群岛国家，历史上曾经先后沦为西班牙和美国的殖民地。总体而言菲律宾的经济相对比较薄弱，经济总量与我国广西、云南相当，个人 GDP 大约只有我国的三分之一。但其家政服务业较为发达，菲律宾的保姆被誉为全世界最专业的保姆。

20 世纪 70 年代，亚洲许多国家的经济快速崛起，菲律宾国内却持续低迷，国内有限的工作岗位难以满足日益增长的就业需求。当时的总统马科斯倡导劳动力输出，几百万劳动力到国外打工，该国女性凭借性格和语言优势，在世界各地迅速占领了女佣的工作岗位。

（一）菲律宾的家政教育
菲律宾的家政教育受到了全世界的认可，几乎所有的中学和大学都开设家政课程，在提高生活技能的同时，也为未来的职业发展做好了充分的准备。

1. 中小学教育
在菲律宾的国民教育体系中，家政教育是必不可少的内容，特别是在女子学校中，家政课尤为重要。在一、二年级的课程中，有

13.6％的内容为家政课程，三、四年级占比为18.2％。①

2. 高等教育

菲律宾几乎所有的大学都开设有家政课程，其学位涵盖从学士到博士的各个教育层次，其中以菲律宾国立大学家政学院最为出名。该学院提供7个学士学位、5个硕士学位、3个博士学位的学历教育，其博士学位课程包含食品科学、家政学和营养学三个方向，最终授予哲学博士学位。

（二）菲律宾的家政产业

毫无疑问，菲律宾的家政产业实行的是"外向型"经济，国内对于女佣的需求量很小。菲律宾政府对于海外劳工给予了高度重视，仅仅女佣一项，一年赚取的报酬总额占菲律宾总GDP的10％左右。对于普通百姓而言，能够出国做女佣，对于家庭而言会发生翻天覆地的变化，收入是在国内的5—10倍。所以不仅没有人看不起家政职业，反而以此为荣，不少高学历者也愿意加入菲佣行列。例如在中国香港，自20世纪80年代末以来，菲佣一直占全港从事这一行业人数的90％以上。目前在香港的41万外籍劳务人员中菲佣占了三分之一，并占了香港总人口的2.2％。

菲律宾家政能够发展，是由国情的客观方面和政府主导两方面因素所决定的：

1. 客观方面

菲佣的客观方面主要包括性格和语言。一方面，菲律宾崇尚天主教，从小受到忍耐、乐观、诚实的教育，具有吃苦耐劳的精神，也比较容易在陌生环境中生存并融入到当地文化中；另一方面，菲律宾长期被美国殖民，英语为其官方语言，所以菲律宾国民的英语水平普遍

---

① 汪志宏. 家政学教学参考用书［M］. 北京：中国劳动社会保障出版社，2015：168.

较高，这就为菲佣到发达地区工作提供了沟通的可能。

2. 政府主导

菲律宾政府将家政服务业作为国家的支柱产业，给予了菲佣全方位的支持，并提供了良好的服务。菲律宾成立了专门的管理机构，包括外交部和劳工部两个部门负责海外菲佣的保护；对于从事海外菲佣中介的机构设定了比较严格的入门条件，一旦发生事故将给予严厉处罚；制定专门的法律为海外劳工提供专门的保护；国家投入资源开展全方位的家政服务人员培训，让菲佣形成正确的职业观，获得较高的专业技巧。

第四章　家政学的研究领域

家政学是一门学科，有其特殊的研究领域，并且家政学是由多个成熟学科融汇的交叉学科，有着丰富的知识内涵和广阔的研究空间。学习家政学，对于改变家庭的生活态度、提高家庭的生活质量非常有帮助；学习家政学，对于促进家政服务的提质增效、创新服务项目也有很大的启发。本章，让我们一起来了解一下家政学的研究领域。

第一节 三大基础领域

一、家庭教育

谈到教育，人们首先想到的是学校教育，教育学的学术研究也主要集中于学校教育的各个部分，对于家庭教育的重视程度和研究深度都是不足的。

（一）家庭教育概述

当今社会，家庭教育和学校教育、社会教育并称为教育的三大支柱，缺一不可。中国传统历史，对于家庭教育非常重视，所谓"子不教，父之过"，说的就是家庭教育的重要性。家庭教育曾经是教育的主要形式，孝文化、忠君文化、君子文化、宗族文化等都是通过家庭教育传承的。转型期的中国社会，人们的价值观发生了重大变化，教育的重点也从人文素养教育转向知识技能教育，家庭教育的重要性受到重大挑战，重知识、轻道德的教育形式日益成为教育的主流。家庭教育的缺失引发了许许多多社会问题，虽然其表象在社会，但是根源在于家庭教育的缺失。

近些年，一些社会学家、教育学家先后表达了对于家庭教育缺失的担忧，希望政府能够重视家庭教育知识的普及。习近平总书记也高度重视家庭教育，在各种报告、讲话、谈话、说明、答问中，有60多次谈及家庭、家教、家风，并出版了《习近平关于注重家庭家教家风建设论述摘编》一书。

1. 家庭教育的定义

什么是家庭教育？这似乎是一个不需要回答的问题。一般认为，家庭教育是在家庭生活中发生的，以亲子关系为中心，以培养社会需要的人为目标的教育活动，是在人的社会化过程中，家庭（主要指父母）对个体（一般指儿童青少年）产生的影响作用。[①] 这其实是一种狭义家庭教育的理解。

如果我们把家庭教育的概念延伸到更加广阔的人生，从终身教育的角度则可以定义为：一个人从生到死，在家庭中受到家庭环境、家庭成员、家庭文化的影响，在文化知识、个人情感、价值观、道德素养等方面获得的积极正向的指导。我们认为采用更加宏观的家庭教育定义，更符合当下学习型社会的倡导。

2. 家庭教育的误区

基于以上对于家庭教育的定义，我们认为目前家庭教育中存在以下几个误区：

（1）家庭教育是长者对幼童的教育。不可否认，大部分家庭教育都是家长对于子女的教育。但随着信息技术的加强，青年人获得信息的速度远远比年长者快，了解信息的途径也远远多于年长者。在家庭中的逆向教育，正越来越多地发生。

（2）家庭教育是说教式的行为教育。大部分人容易将学校教育的形式迁移到家庭教育中，但很多情况下家庭教育并非都是行为教育，家庭环境、处事方式、文化熏陶等构成了家庭教育更加重要的形式。

（3）家庭教育的普及对象是父母。父母固然是家庭教育最重要的群体，但一定不是唯一的。以终身教育的理念，所有家庭成员都应该成为家庭教育的对象。

---

① 邓佐君. 家庭教育学 ［M］. 福州：福建教育出版社，1995：7.

（4）家庭教育的内容就是如何教育子女。教育子女是家庭教育的重要组成部分，但不是唯一的内容，家庭成员之间的互动方式、生活技巧、学习方式等都可以成为家庭教育的组成内容。

（二）家庭教育的研究重点

根据目前社会发展呈现的状况，家庭教育的研究重点应当包括以下三个部分：家庭教育的内容、家庭教育的方法、家庭文化的构建。

1. 家庭教育的内容

联合国教科文组织提出的 21 世纪青少年应该具备"四个学会"，即学会学习、学会生存、学会发展、学会与人相处，可以借鉴为家庭教育的主要内容。

（1）学会学习。家庭教育并非以学习具体的知识为主，而是帮助家庭成员认识到终身学习的重要性，获得终身学习的态度，以及获得知识的途径和方法。

（2）学会生存。从目前社会现状看，家庭是生活技能学习的主要场所。除了生活技能外，家庭教育还应当重点培养家庭成员劳动观念、环境适应能力及心理健康。特别是心理和意识层面的内容，更多是通过家庭环境的熏陶。

（3）学会发展。个人的发展力很多要素是在家庭中养成的，包括形成积极稳定的自我认识、积极向上的人生目标、客观公正的处事态度、坚忍不拔的生活毅力等。

（4）学会与人相处。与人相处的能力是在社会生活中体现的，但是却是在家庭中养成的。家庭成员中潜移默化的影响是形成积极相处能力的关键。

家庭教育四个方面的内容，正好说明了目前研究的不足，特别需要跳出学校教育的框架，摒弃课堂式、说教式的形式，利用家庭环境和氛围研究的家庭教育内容。

2. 家庭教育的方法

谈到教育方法，大家首先可能会想到的是注入式、启发式、行为主义、人本主义、建构主义等方法，但这些方法大多是建立在学校教育基础上，对于家庭环境下的教育方法的研究还是不足的。

也有学者认为家庭教育的方法主要包括环境熏陶法、目标激励法、恩威并施法，在"爱和尊重"中完善家庭教育的方法。[①] 但目前对于家庭教育方法的特殊性研究还远远不够，家庭以何种方式对成员熏陶？具体的指标体现在什么地方？哪些是产生积极作用的关键点？这些都值得家政学者深入研究。

3. 家庭文化的构建

中国传统文化中讲求"家国情怀"，家是缩小的国，国是放大的家。社会就是由无数个家庭组建而成，社会的良性运行与协调发展离不开每个家庭功能的发挥，其中家庭文化建设至关重要。构建怎样的家庭文化？如何构建？家庭文化与社会文化之间如何良性互动？这些应该成为家政学者的主要研究课题。

（三）家庭教育的产业发展

通常认为教育和家政似乎没什么关系，教育是教育部门的职责，家政行业从能力和专业性上而言，还没有达到教育的要求。但家庭教育恰恰是家政学的一个分支，也是能够产业化的一个领域。

目前市场上已有的育儿嫂服务只能算是家庭教育的初级层次，育儿嫂本身并没有融入到家庭教育中，没有为家庭文化的构建发挥作用。未来，家政行业应该充分利用家政学的研究成果，通过市场化家庭服务帮助家庭成员建立终身学习的理念和行为，解决家庭在学习过程中遇到的实际困难，促进家庭和社会的良性互动。

---

① 汪志洪. 家政学通论 [M]. 北京：中国劳动社会保障出版社，2015：126 - 128.

二、家庭营养

民以食为天，中国的饮食文化更是历史悠久、博大精深。食物是人体营养的主要来源，大部分人一日三餐都是在家庭中完成的，从过去讲求吃饱，到后来的希望吃好，到现在要求吃得更健康、更科学，中国人从没有放弃对于吃的追求。长久以来对于吃的研究主要在营养学和烹饪技术两个领域，营养学侧重于科学层面促进人们的饮食健康，烹饪技术侧重于感观层面让我们享受美食，而这两者经常是冲突的。

（一）家庭烹饪概述

中文中，"烹"就是煮的意思，"饪"是指熟的意思，狭义地说，把食物煮熟就完成了烹饪工作，显然中国人对于这种程度是不能满意的。中国人倾向于更加深刻地理解烹饪，这就包括杀菌消毒、使生变熟、营养分解、调解色泽、调和滋味、调剂汁液这样六个过程。逐步形成了烹饪文化，以味的享受为核心、以饮食养生为目的的和谐与统一。

1. 古代家庭

中国地大物博，不同的地域、不同的气候、不同的习俗产生了不同的烹饪方式，先是形成了鲁菜、川菜、粤菜和淮扬菜为传统的"四大菜系"，后加上浙菜、闽菜、徽菜、湘菜，则被称为"八大菜系"。而历史上的烹饪源自于贵族官宦家庭，西汉时期的楚王墓葬，其中有厨房、炉灶、餐厅，并有陶制的炊具、餐具等。在徐州出土的汉画像石中可以窥见有关徐州饮食情况。在出土的汉画像石中，有官场宴会、市肆酒楼、歌舞筵宴，二人对饮、四人小酌。原料有鸡、鱼、兔、鹿、雁等。有庖人凭案宰牲，有厨人烧火做菜、案头操作，还有腊鱼、干肉高悬于庭的场景等。

烹饪技巧似乎与古代普通百姓家庭无关，《曹刿论战》一文中有："其乡人曰：'肉食者谋之，又何间焉？'"可见古代普通百姓家庭仅仅在食材上就极其匮乏，需要考虑的绝不是如何将食物烹制得更加美味，而是如何能够养活一家人。

2. 现代家庭

中国自改革开放后，经济发展进入快车道，绝大部分中国人思考的已经不是温饱问题，而是如何追求更加健康、科学的饮食。

人们通过科学的普及已经知道，食物能够通过影响细胞的行为进而影响到人的健康。例如人体摄入过多的胆固醇可能对于人的动脉产生不利的影响；再如某些哮喘病，通过食用鱼油会减轻不适，而使用玉米油可能会加重症状。但是，在了解到很多健康与饮食关系的信息后，大多人并不能在科学饮食中完全做到，因为这些改变是以牺牲口味为代价的，让糖尿病人为了健康始终吃特殊的糖和水煮蔬菜，这的确很折磨人。

人们更期待的是如何能在享受美味的同时，保持饮食的健康。这是家庭烹饪所要研究的。

（二）家庭烹饪研究重点

1. 家庭烹饪方法

当下，烹饪方法似乎走出了两条完全不同的道路。

第一条是专业路线，主要是中等职业学校的专业教学，通过对历史上典型菜品的归纳总结，梳理出一整套包括不同流派、成熟方式、烹饪技巧的体系化的教学内容。目标是将学生培养成满足饭店餐厅厨师岗位需求的专业人才。可想而知，其培养特点一定是专业化、职业化、体系化、标准化。讲求大火速成、大锅大油，并不适合家庭环境。于是有一个很有意思的现象，如果去问一位著名的大厨：你们家平时谁烧饭？大厨给出的答案是：我老婆。继续问，为什么你不做？大厨说：

我在家里做不好。

第二条是私房路线，主要是市民在日常家庭烹饪中形成的经验化的烹饪方式，能够在家庭环境中，使用家庭烹饪设备制作出可口美味的菜肴。它的特点是个性化、非系统化、差异化，每个人做出的口味都不一样。并且这种经验式的烹饪方式由于缺乏科学的梳理和体系化的教学，往往很难传承。

于是，家庭烹饪第一个研究重点，就是研究家庭环境下的烹饪技术。

2. 家庭营养搭配

营养学和烹饪技术似乎是一对矛盾体。符合营养学的饮食大多并不可口。清淡、寡油、低脂、控盐、控糖都是营养学的要求，可惜优秀的大厨都不太遵守。名菜名点固然好吃，可惜很多都是不健康的，水煮鱼吃下去的一半是油，草头圈子中的肥肠是高胆固醇食品。那么能否两全其美？

这就是家政学需要研究的：如何运用现代科学技术，在家庭环境中制作出既符合营养学要求又美味可口的家庭饮食？

3. 特殊人群饮食

除了正常饮食外，家庭中经常会有特殊人群，例如坐月子的产妇、婴幼儿、康复期的病人、老年人等，这些群体都需要特殊的饮食。目前，除了医院开展特殊人群饮食应用性研究之外，很少有学科、专业在开展学术性的研究。

家政学应该侧重于这方面的研究，而且要更加精细化、科学化。就拿康复期病人来说，不同病因的病人需要怎样的营养元素？什么食物能够提供这些营养？总量是多少？采用何种方式烹饪能够最大限度减少营养流失且保证口味？随着病人的康复，饮食上如何调整？这些问题都需要以科学的态度，以实验的方式获得数据进行研究。

（三）家庭烹饪的产业发展

家庭烹饪服务可能是目前家政服务业中最大的一个细分领域了，但就算是优秀的家政服务员也只能做到烧得好吃，却不懂营养搭配。如果从家政产业发展的角度，家庭烹饪服务有很大的提升空间。

未来的家庭烹饪如何发展，家政服务员除了烹饪技巧外，还应当掌握不同年龄、不同状况服务对象的营养需求，为顾客提供更加科学的饮食服务。

同时，家政服务业还可以和其他产业对接，例如和净菜服务对接，促进家庭烹饪服务效率的提高；和调味料公司对接，让家庭获得更加低廉优质的调味料产品；和农场对接，让家庭获得更加新鲜、安全的原料食材。

三、家庭保健

家庭保健是家政学重要的分支，也是和医学的交叉领域。

首先需要强调的是家庭卫生保健和医疗之间的界限，家政学不是医学，家庭卫生保健也不是医疗服务，在研究和服务中不能做出任何诊断，只能在医生的嘱咐下提供服务；同时，提供的服务不能有任何介入性内容（例如打针、注射胰岛素等），这是区别于护理学的重要特点。

（一）老年人照护

医学上对于老年人生理特点的研究比较深入，总结出因为衰老而导致老年人生理上发生的一系列变化，心理学对于老年人的研究揭示了老年问题背后的心理学原因；社会学又对于社会能够支持的养老模式进行分析，认为目前绝大多数老年人还是要在家庭度过自己的晚年。家政学对于老年人的研究应该集中于两点：社会应该为老年人提供怎样的支持服务？怎样的生活方式更有利于普通人家庭养老？

1. 寻找社会与家庭的平衡点

养老问题不仅仅是医学问题，更是社会问题。随着经济发展和社会进步，养老的责任从过去单纯的家庭责任转变为社会与家庭共同承担。那么，中间的界限在哪里？哪些内容、哪些群体、哪些项目应当由社会承担，又不至于拖累社会发展的脚步，这需要家政学和社会学共同研究。

2. 让普通人晚年生活得更好

这是一个非常大的命题，且带有一定的主观成分。但这的确是一个需要给予足够重视的研究课题。至少还可以细化为三个领域：

（1）老年人的生活照料

老年人根据特点和需求，还可以进一步细分为健康老年人、患病老年人、全护理老年人、特殊老年人等。目前对于老年人的生活照护还是粗放型的，缺乏对于不同特点老年人在家庭环境下生活照料的特殊化研究。

（2）老年人的精神慰藉

谈到老年人照护，更多想到的是生理照料，对于精神慰藉的重视程度是不够的。特别是当下经济高度发展，老年人衣食无忧，但整日面对空荡荡的房屋，孤独地度过余生，不可谓不是另外一种悲哀。另一方面，年轻人的快节奏生活的确难以兼顾老年人的心理需求。家政学所要研究的是在这样的社会背景下，如何改善家庭的生活模式，促进家庭成员对于老年人精神的重视程度，提供老年人精神文化产品。

（3）老年人的社会发展

老年人退出社会活动并非具有积极意义，保持与社会的联系，一定程度参与社会生活，不仅仅有利于老年人自身，对于社会也能作出一定贡献。但目前社会仅仅能够提供社区内部的老年人自娱自乐，如何更全面充分地让老年人参与社会发展，还需要更多的研究和探索。

（二）孕产妇照护

孕产妇，包括孕妇和产妇，是女性一生中比较特殊的时期。孕期即妊娠期，理论上指从受精卵开始到分娩为止；产期即产褥期，指分娩到产妇身体状况接近正常状态。

中国人有坐月子的习俗，孕产妇照护就显得格外重要。传统上照顾月子是婆婆的职责，除了古代从夫居的特点外，婆婆本身经历过多次生育，积累了一定的生育经验也是重要原因。现代社会，家庭成员本身的生育经验在降低，又缺乏必要的生育知识的学习，很多家庭求助于月嫂。

家政学对于孕产妇照护的研究可以从两个方面开展：第一是加强科学育儿知识的研究和普及，让决定自己承担孕产妇照护职责的家庭获得更加全面的知识技能；第二是强化月嫂队伍的专业化和职业化，相对于其他家政领域，月嫂队伍素质最高、能力最强，专业化和职业化的难度也最低。

（三）婴幼儿照护

婴幼儿是婴儿和幼儿的统称，婴儿一般是指从出生到一周岁的新生儿，幼儿是指1—3周岁的孩童。人类每个阶段都有其特殊的任务。婴幼儿阶段主要的任务是适应外界的生活，逐步掌握行走、语言等基本生存技能，并开始独立生活。

这一时期，家庭需要掌握的不仅仅是婴幼儿生长发育知识和生活照护技能，更需要了解幼儿早期教育和学习能力培养的相关知识。很多家庭对于这方面的知识是匮乏的，过多地依赖育儿嫂的帮助。

（四）病人照护

病人的治疗一定是在医院，但病人的康复大多是在家庭，医学讲究"三分治，七分养"，在当下医疗资源还不能顾及到康复的现状下，

"七分养"就没办法在医院完成，只能在家庭环境中康复。

家有病患，可能是一个短暂的时刻，也可能是一个长期的过程。家政学可以帮助家庭形成正确的观念，对家庭环境做出必要的改变，帮助家庭成员掌握基本的家庭照护技能。

（五）家庭保健的产业发展

家政服务业中的家庭保健产业，目前主要是月嫂和育儿嫂有一定的市场发展，未来家政服务业中的其他领域应该有更大发展空间。特别是养老产业，超过90％以上的老年人是要在家庭中养老的，对于养老服务需求，特别是特殊养老服务市场将会非常大。

另外，家庭保健产业中的设备租赁业还没有发育起来，发达国家很多养老设施设备都不是家庭拥有的，产权属于养老机构，需要使用时由服务人员带到家中使用。这一方面可以提高设备的使用率，另一方面还能够提高家政服务业的服务水平。

第二节　重要支撑领域

家政学除了家庭教育、家庭营养、家庭保健三大基础领域之外，还有很多重要的支撑领域，包括家庭伦理、家事法律、家庭休闲、家庭艺术、家庭礼仪、家庭生活管理等。限于篇幅的原因，不可能穷尽所有，罗列一些重要领域进行说明。

一、家庭伦理

家庭伦理，有时候也称为家庭道德、家庭人际关系。家庭伦理是在一定的社会经济条件下，调解家庭内部、家族、社会的道德关系和行为关系的总和。我们常说家庭是社会的细胞，和谐稳定的家庭关系是整个社会安定团结的基础。研究家庭伦理，使之既能够反映两性关系和亲子关系的自然原则，又能够符合社会发展的要求，成为自然关系和社会关系的统一。

（一）家庭伦理的特点

家庭是社会中的独立个体，存在一些全社会的共性，也存在家庭特有的个性。主要包括以下特点：

1. 时代性特点。家庭伦理受特定的历史条件影响，不同时代呈现出家庭伦理是不同的。就拿恋爱来说，封建社会的伦理要求是"父母之命，媒妁之言"，但现代社会则讲求"恋爱自由"，反其道而行之则会被认为是违背伦理规范。

2. 阶层性特点。家庭伦理是一种意识，受家庭特殊的环境所影响，这种环境又受到家庭所在阶层的制约。例如美国社会中，生活在社会底层的家庭，对于学习的重视程度和对于社会规范的尊重程度相对较差，而上层社会的执行相对较好。

3. 稳定性特点。家庭伦理不是不能改变的，但在一段时间内应是保持稳定的。无论是从社会整体，还是家庭个体而言，都存在继承性和稳定性的特点。例如中国社会在相当长的时间内，无论社会还是个人，对于自由主义都是持批判立场。很多家庭经过许多代形成的家风、家训，就是家庭伦理稳定性的表现。

4. 非对等性特点。马克思主义认为经济基础决定上层建筑，人们的意识一定根源于社会发展水平，但在一定时期，两者有呈现出非对等性的特点。例如新文化运动中倡导新生活的家庭，有包括美国很多白人家庭普遍存在的种族歧视。

（二）家庭伦理研究的重点

目前，中国的家庭伦理建设形势不容乐观，社会上出现的很多问题可以溯源到家庭伦理关系出现了问题，例如不断上升的离婚率、婚外恋、赡养老人问题等。

家庭伦理研究的重点是要构建符合中国特色的家庭美德。社会主义核心价值观对于家庭美德的界定是尊老爱幼、男女平等、夫妻和睦、勤俭持家、邻里互助。目前，如何将家庭美德灌输到家庭生活中，除了说教式、海报式宣传以外，还缺乏有效的教育工具。如何做到入脑、入心、润物细无声，还需要家政学做出更多的研究和探索。

二、家事法律

法律是一种社会规则，是由国家制定或认可并以国家强制力保证实施的，反映由特定物质生活条件所决定的统治阶级意志的规范体系。在家庭生活中，法律发挥着协调家庭成员之间、家庭成员与外部社会之间关系的作用。

（一）家事法律的作用

家事法律是民法中的一部分，民法是调整平等主体的自然人、法人和非法人组织之间的人身关系和财产关系。家事法律主要调整三方面的内容。

1. 人身权利

民法对于人身权利界定，包括健康权、姓名权、肖像权、名誉权、隐私权等。家事法律不仅规范家庭成员内部的行为，也保护家庭成员不受外力侵害。

2. 财产权利

财产权利，包括财产取得的方式、方法、内容等符合法律的规定。目前，家族成员发生财产纠纷较多的是关于家庭财产的继承，主要是房屋等不动产的划分。

3. 家庭关系

我国法律规定了家庭成员在法律面前一律平等，婚姻法规定了夫妻应当相互忠诚、相互尊重，家庭成员应当尊老爱幼、相互帮助。禁止发生家庭暴力、虐待等行为。

（二）家事法律研究的重点

家政学对于家事法律的研究，重点在于如何规范和保护家庭及成员的合法权益。例如 2019 年《上海市家政服务条例》经上海市十五届人大常委会第十六次会议表决通过，就是家事法律实践的一大成果。

条例共七章四十三条。条例要求建立家政服务管理平台，归集家政服务机构和人员的基本信息；开展家政服务机构和人员备案；同时，实行家政服务人员持证上门服务，家政服务机构应当将其家政服务人员或者由其居间介绍的家政服务人员的信息，在家政服务管理平台上备案，并发放家政上门服务证。地方立法能够很好地保护家庭及家政行业的合法权益。

三、家庭休闲

人与机器存在着某些类似，机器经过一段时间运行后，需要保养、维修，以提升其运行效果、延长机器寿命。人在工作了一天以后，也需要一定形式的放松、休息，以应对新的工作和挑战。休息的场地固然可以很多，但最多、最舒适的一定是家庭。

休息和休闲既有联系，又有差别。休息是简单的放松，休闲是有意境、有心情、有目的的休息。家庭休闲功能如果能够充分发挥，不仅能够为家庭成员补充能量，更能够促进家庭互动，巩固家庭的稳定性和凝聚力。

（一）家庭休闲的类别

休闲本身是一项个性化的活动，根据个人和家庭兴趣不同，类别举不胜举。这里仅以几种家庭休闲形式进行说明。

1. 文化休闲类

包括读书、听广播、看电视、听英语、看电影等。此类休闲活动可以个人进行，也可以家庭一起参加；既可以作为放松，也可以在放松的同时增加知识。

2. 社会交往类

包括参加舞会、酒会、聚餐等。此类休闲活动一般情况下与家庭以外的其他人共同举行，在放松心情的同时，促进社会交往，扩大家庭的社会交际面。

3. 陶冶情操类

包括琴、棋、书、画、种花、养鸟、养鱼等休闲活动。此类活动不仅放松心情，引起人们对于美好生活的向往和追求。同时，共同爱好驱动下，人们能够形成更加稳定的伙伴关系，促进家庭与家庭之间的交往。

4. 体育锻炼类

现代人，特别是生活在城市中的人们，平时运动的时间较少。因此，在工作之余安排适当的体育锻炼作为休闲活动，不仅放松心情，更能够促进身体健康。同时，以家庭为单位的体育锻炼，更能够促进家庭和睦。

5. 食品制作类

过去，食品制作被视为是家务活动，是一个劳心劳神的任务。但随着家务劳动量的降低和人们对于生活品质的追求，家庭制作美食也成为一种休闲活动，在此过程中获得心理上的愉悦。如果能够和家庭成员及朋友分享成果，成就感更大。

（二）家庭休闲的研究重点

虽然家庭休闲是家庭的个性化活动，差异性很大，但作为家政学的研究对象，还是有共同的客观规律。家庭休闲应该侧重于以下几个方面。

1. 家庭的休闲项目偏好

这是一个偏社会学的研究主题，不同社会层次、职业背景的家庭在项目选择上有哪些偏好，存在怎样的规律。对于休闲偏好的研究，有利于社区为家庭提供更有针对性的服务。

2. 家庭休闲活动的安排

如何科学地安排休闲活动？既能够放松情绪、养精蓄锐，还能够陶冶情操、扩大交际，更重要的是不影响家庭生活和工作，的确也是一门学问。一方面要根据家庭成员的年龄、兴趣等特点合理地设计休闲活动项目，另一方面要控制活动的度，使得更合理、更巧妙。

四、家庭生活管理

每个家庭都有自己对于家庭的管理方法，但很少有人总结怎样的管理方式能够让家庭生活更美好、更便捷、更舒适。

（一）家庭生活管理的内容

1. 家务劳动管理

尽管有人认为家务劳动也有促进家庭整合的积极一面，但对于大多数家庭来说，家务劳动依然是一件劳心劳神的事情。因此对于家务劳动的管理非常有必要。家务劳动管理主要是"做什么""谁来做""怎么做"三个问题。

（1）家务劳动的内容

家务劳动的内容包括衣、食、住、行等方面，凡是家庭生活中遇到的都属于家庭劳动的范畴。相比于过去，家务劳动的内容已经大大缩减，电器产品的使用大大降低了家务劳动的总量和复杂程度。我们应该乐观地看到，未来家务劳动的内容还将进一步减少。

（2）家务劳动的主体

这里涉及到两个问题：一个是服务外包的问题，一个是工作分配的问题。

服务外包就是将家务劳动交给家政服务员完成，家庭为服务埋单。这不仅要求家庭具有一定的经济基础，还要求家庭成员对于聘请家政服务员一事有统一的认识，包括请或不请、质量的好坏、关系的处理等，如果不能达成一致反而会造成更大的困扰。

如果不是外包就是家庭成员自己完成，那就需要就家务劳动分配达成一致。一般来说，在家庭的初创期和调整期，对于谁来完成家务劳动会有比较大的争执，但一段时间后进入稳定期后，分配模式就会固定。家政学还是提倡家庭成员共同参与家务劳动，即使是年龄比较小或者大的家庭成员，力所能及地参与一些，有利于家庭和谐，更有利于个人的成长和健康。

（3）家务劳动的方式

怎么做家务劳动？是死做？还是巧做？这就是家务劳动的技术化问题。这是一个需要学习和锻炼的过程，掌握得好，家里井井有条；掌握得不好，家里乱七八糟。

例如家庭收纳，这就是一门学问，目前社会上有专门学习收纳的课程，东西如何归类、衣服如何折叠等。家政学应当加强家务劳动技巧性研究，并加大普及力度。

2. 家庭资源管理

（1）家庭资源的种类

家庭资源可以分为经济资源和非经济资源。经济资源包括现金、股票、债券、房产、物品等能够提高生活质量和生活满意度的资源；非经济资源主要是指不具有具体形态，但能够发挥作用的无形资源，包括人脉、社会地位、可利用的时间等。

（2）家庭资源的管理

家庭资源的管理，本质上是家庭事务决策的过程。无论是经济资源还是非经济资源，本质上都是稀缺资源，为什么使用这些资源？目的是什么？谁在此过程中受益？是否有更加经济的途径？这个过程就是决策的过程。

3. 生活质量管理

生活质量不仅是一个多元素组成的概念，包括物质生活、精神生活、文化生活等多个方面；同时也是一个主观性较强的概念，某个或者某些方面获得比较好的状态并不能得出生活质量高的结论。

因此对于生活质量的评价一般采用主观和客观相结合的评价方式。主观评价强调个人和家庭的整体性，一般广泛地评价生活各方面的满意度。客观评价包括四个方面：生理评价、心理评价、社会关系评价、环境评价。

（二）家庭生活管理的研究重点

家庭生活管理应该是家政学研究的重点领域，主要包括生活设备研究、生活方法研究、评价标准研究。

1. 生活设备研究

之前说到人类的家务劳动总体上是呈减少趋势的，这主要是得益于现代化家用设备的研发与应用。未来，家政学可以开展更加广泛的研究，将现代科技与家庭生活更充分结合，开发出更多符合中国人生活特点、满足中国人生活需求的科技产品。例如家庭烹饪，目前西方国家已经开发出符合中国人饮食特点的家庭厨具，体积小、功能大，精确度高，但在口味上还存在一定差距。

2. 生活方法研究

改革开放以来，中国人的生活方式已经发生了巨大变化，其中有经济水平提高的原因，有生活节奏加快的原因，有家庭日益小型化的原因，这是多因素共同影响的过程。未来，这些外在诱发因素还将继续存在，可能变化的速度更快，家庭不能被动地改变，家政学应当主动研究新的生活方法，促进人的全面发展。

3. 评价标准研究

尽管家庭生活满意度存在一定的主观性，但依然可以建立客观的评价体系，目前使用的评价标准缺乏中国特色，例如将宗教指标列为心理层面的评价范畴，这样并不符合中国实际。家政学应当尽快建立更具有中国特色、符合中国人生活的评价体系。

第五章 现代家政服务与家庭

很多家庭都抱怨找"阿姨"难，有的家庭甚至换了几十个"阿姨"都不满意。家庭往往将问题归咎于家政服务员，认为家政服务员的技能差、素质低、不规范。但是，从专业的角度，家庭也应考虑这么几个问题：我们是否需要家政？我们需要怎样的家政服务？在家政服务过程中家庭应该做些什么？我们认为：家政服务是互动的过程，良好的服务需要家庭正确的认知和友善的态度，也需要家庭掌握正确的方法。

第一节　家庭需求与服务选择

什么样的家庭需要家政服务，看起来这是一个"多此一举"的问题。几乎家家户户都有家政服务的需求，谁不想生活得更加舒服一些呢？那真的是所有家庭都有家政服务的需求吗？家庭在购买家政服务之前需要考虑哪些因素呢？

家庭对于家政服务的需求，出于不同的原因，有不同的需求，同时也决定着采用何种选择的策略。家庭对于家政服务需求的原因，大致可以分为三类：舒适需求型、照护替代型、专业技术型。

一、舒适需求型

（一）需求原因
此类需求占了家政服务的大多数，原因是家庭不希望被繁琐的家务困扰，希望通过购买服务的形式将家务转包给其他人，使得家庭成员能够更好地享受生活。此类家政服务通常以钟点工的形式出现，没有太多的技术要求，家政服务员个人的性格和品质，决定着雇主对其服务的满意度。

（二）特点
1. 服务认识差距
此类需求的家庭对于家政服务的满意度相对较低，原因在于雇主和家政服务员的期待不同。雇主是为了更好地享受生活，那么对于家政服务抱着"更加美好生活"的态度，对于服务质量的标准是个性化的、主观的、高品质的，至少不能做得比自己差；而家政服务员对待家政服务的态度则是"这是一份工作"，包括家政服务员在内的几乎所有人对于"好工作"的理解则是"钱多、活少、离家近"。生活和工作的认识，使得双方对于服务质量产生了差距。

2. 服务供给巨大

这是由于钟点工没有太多的技术要求，而且其服务提供以小时为单位，适合很多兼职从业者，一些在单位中从事保洁、物业工作的女性，在下班后能够从事钟点工的工作。因此，钟点工形式的家政服务呈现出服务供给巨大的特点。

3. 家政服务员的替代性强

因为服务的供给量巨大，又没有太大的技术要求，客观上造成了家政服务员的替代性很强，流动性也很强。家政服务员在一个家庭中服务的时间很难超过一年，经常由于过年回家、农忙请假，家庭就会更换家政服务员。

4. 服务的低情感性

在所有的家政服务类别中，钟点工的情感投入相对较低。进入家庭就是工作，工作完了立即离开，雇佣双方全程可以很少交流，甚至有些家庭更喜欢钟点工在家里没有人的时候工作，服务全程双方不见面，以保证家庭生活不受打扰。

5. 议价空间很小

供给巨大、替代性强、流动性大，就造成了家政服务的议价空间很小，相对于其他工种，钟点工的价格上下起伏是最小的。家庭对于价格的敏感度非常高，甚至高出 1 元/小时，很多家庭都不能接受。

（三）服务选择建议

家庭在选择钟点工家政服务时，需要注意以下几点：

1. 固定服务时间

有些家庭抱着"做一个小时给一个小时钱"的原则，既然家政服务员没做，那就不用给钱。这种认识是不正确的，家庭购买了钟点工的某个时间段，那么她就无法在这个时间段内为其他家庭提供服务，如果此时由于家庭的原因使得家政服务员不能服务，家庭依然应该支付费用。

家庭应该以周为单位固定服务时间，例如每周一至周五晚上16:00—19:00。轻易不要更换服务时间。如果经常性更换服务时间，会让家政服务员感到不便，提高了其辞职的可能性。

2. 巧用价格差

钟点工的服务时间是存在"价格差"的。一般情况，晚上16:00—20:00是钟点工的黄金时间，服务价格相对较贵，而下午13:00—16:00这段时间被称为"鸡肋时间"，服务价格相对便宜。如果情况允许，将保洁这类对于时间要求不强的工作放在"鸡肋时间"中，可以获得更便宜的价格。

3. 减少限制性条件

在选择服务时，越少的限制越能快速地找到优秀的服务员。有些家庭由于偏见，设定了很多前提条件，例如：某个地区的阿姨不要、只要某个年龄段的、某几种属相的阿姨不要等。越多限制意味着越长的等待、越少的选择空间。

4. 重视服务员性格

性格和技能是影响家政服务质量的最重要的两个因素，而在钟点工的选择中，性格因素往往被重视。大多情况下，家政服务员对于服务质量的认知是低于家庭的，这就需要双方在服务过程中不断磨合，家庭需要指出其提高的地方，家政服务员也需要虚心接受不断改进。

而这个过程又是建立在家政服务员良好性格基础上的。家庭在选择家政服务员的时候，看重技术的同时，也可以考查一下她的性格。

二、照护替代型

（一）需求原因

此类需求的原因是因为家庭中需要长期固定的照护，而家庭成员因为各种原因无法亲自完成，不得不通过购买服务的形式实现对于家庭成员的照护。此类服务较为常见的是养老照护和家庭育儿服务，家庭成员并非因为享受生活或者没有专业技能，大多是因为自身工作原因无法自行完成。

（二）特点

1. 住家服务为主

此类服务的初衷就是代替家庭成员完成照顾工作，被服务者无论是年长还是年幼大多没有自理能力，需要照顾者一天 24 小时随时随地提供照顾服务。因此，此类服务以住家服务为主，家政服务员与被照顾者朝夕相处，与家庭其他成员相处的时间也比较长。

2. 有限专业能力

服务提供相对于钟点工，需要有一定的专业能力。例如养老服务员，老年人或多或少有一些身体疾病，或者因功能丧失而需要专人照顾，服务人员就需要了解老年人的生理特点和疾病照护知识。但这种专业能力又是有限的，或者说没有太高的期待。如果老人的病情太复杂，一般会进入医院或养护院，而不会在家庭生活。

3. 情商要求较高

照护替代型服务，家政服务员和服务对象朝夕相处，因此对于家政服务员的情商要求较高，甚至比技能要求更高。家庭和家政服务员产生矛盾的原因，并不是技能原因，而是双方性格发生了冲突。同样，大家友好相处、亲如一家，老人把养老服务员当做女儿，孩子把育儿嫂当做妈妈或大姨，更多的也是出于情感，而非技能。

4. 替换成本较大

正是因为照护替代型家政服务的情感性特点，更换服务员对于家庭成员会带来不小的影响，需要较长时间适应。

（三）服务选择建议

因为照护替代型家政服务的以上特点，对于选择此类服务的家庭，有以下几点建议：

1. 正确评估需求

家庭需要养老服务或者育儿服务的，是出于家中无人照顾，而不是出于减轻照顾压力。无论是养老服务还是育儿服务，家庭付出的经济代价都要比钟点工高很多，而且还存在性格适应的不确定性。如果是因为需要减轻照顾压力的，可以采用"服务替代法"，即用钟点工代替养老或者育儿服务，自己完成照顾的核心工作，更多的把辅助性的家务交给钟点工。这样不仅可以减少服务的支出，还能降低服务过程中情感不确定带来的影响，提高服务的满意度。

2. 正视选择困难

因为照护替代型家政服务不仅仅对于技能有期待，更要求雇佣双方在情感上"合拍"。因此，家庭在选择此类服务的时候要充分预计困难程度。很多家政服务员或多或少带有一定的性格特点，服务好的脾气不好，脾气好的生活习惯不好，生活习惯好的晚上又容易打呼噜……，要找到十全十美、称心如意的服务员难度是非常大的。

因此，在选择的时候不妨列一张清单，将自己最看重的特点，根据重要性排列。一般情况下，能满足前三分之一条件的，已经是很不错的服务员了。

3. 降低服务期待

家庭对于家政服务员的服务，要有客观、合理的期待。主要是从专业性和投入度两个方面降低期待。养老服务员和育儿服务员不可能太专业，什么问题都知道，甚至其专业程度还不如家庭成员。如果真的专业度很高，也许就不会选择家政服务员这份工作。所以，家庭更多时候应该和她们交流，帮助她们提高专业度；同样投入程度在服务刚刚开始的时候也不要有太大期待，对于家政服务员而言这就是一份工作，如果要求家政服务员全身心投入，那家庭首先要对家政服务员真心相待。

4. 重视服务稳定性

照护替代型家政服务的稳定性要比专业性更重要。更换一个已经被老人或者孩子接受的家政服务员，对于老人和孩子而言是非常难过的体验。因此，家庭成员应该更多地听取被照顾者的意见，不要以自己的主观评价来代替被照顾者做出决定。如果被照顾者认可，哪怕自己与服务员有意见甚至矛盾，也应当容忍，除非发生了不可原谅的事情。

三、专业技术型

（一）需求原因

专业技术型家政服务的需求原因，是因为家庭没有能力独立完成此类需求，不得不依靠外界的力量来帮助家庭渡过难关，比较典型的就是月嫂和病患照护。前者涉及下一代，家庭投入的资源较多，目前市场上已经形成较为完善的产业；病患照护大多服务老年人，家庭投入资源有限，加之政府将其纳入医疗系统进行统筹，目前市场化程度不高。

（二）特点

1. 家庭经历有限

中国自 20 世纪 80 年代初将计划生育定为基本国策，每个家庭只生一个孩子。尽管近些年政府开始放松生育制度，允许家庭生育三个子女。但上一代父母的生育经验已经弱化，再加上对于科学生育的要求，使得家庭对于照护生育的经验和能力都非常有限。生育数量的减少又促进了对于照护要求的提升，很多家庭愿意付出经济代价由社会专业人士提供更高质量的生育照护服务。

2. 信息的不对称

正是因为"一生一次"，大部分家庭对于月嫂市场的了解程度是非常低的，相关信息来源都是通过媒体，而媒体又容易受到资本因素的影响，对于该行业在一定程度上"炒作"。家庭对于月嫂的认识就是"专业""天价""一嫂难求"。在服务选择的时候，对于行业缺乏了解，很多时候也是任由月嫂公司"宰割"。

3. 家庭投入度高

"一生一次"的观念，客观上形成了家庭对于月嫂的高投入。甚至将是否聘请月嫂、聘请什么价位的月嫂，与"对于妻子的爱""婆婆对于媳妇的情"相结合，使得家庭对于生育的投入水涨船高。有些家庭本身有能力承担生育的照护任务，也碍于情面、攀比心理，超过实际经济能力地购买月嫂服务。

4. 市场较为混乱

相对于家庭的"一掷千金"，月嫂服务的提供却不尽如人意。一些不具有专业知识和能力的普通家政服务员，通过简短的培训，再加上家政公司的包装，变成所谓的"金牌保姆""资深月嫂"参与到市场竞争中。而家庭由于信息不对称，对于什么是好的月嫂、如何辨别好的月嫂不甚了解，常常是花了大钱，享受到较差的服务。

（三）服务选择建议

1. 正确评估需求

是不是每个生育家庭都需要月嫂？这是一个值得评估的问题。我们认为在评估过程中要摒弃三种错误观念：第一是攀比心理，别人请了我不请，就是比别人落后；第二是道德绑架，不请月嫂就是不关心自己的爱人、媳妇；第三是畏惧心理，月嫂是一个专业性很强的工作，不经过专业培训是没办法承担的。

聘请月嫂的前提是家里真的没有人能照顾产妇和婴儿，例如双方父母都不在身边，或者即使在身边也因为身体原因无法照顾。如果家庭本身有人可以照顾产妇和婴儿，则可以请一个钟点工完成家中的其他家务，由家人来照顾产妇和孩子。再加上一定的科学育儿的学习，则可以获得更好、更经济的效果。

需要指出的是，月嫂可能具有一定的照护专业性，但是在责任心和亲情培养上，则肯定不如自己的家人更合适。

2. 正确选择月嫂

如何选择月嫂，也是让不少家庭头疼的。在月嫂公司说得天花乱坠，一旦到了实际工作岗位，不是手足无措，就是挑三拣四不断地提要求。我们给出的建议是"三看"。

第一是看经验。很多人都认为月嫂的知识最重要，其实这是错误的认识，经验比知识更加重要。选月嫂首先看其做了多少"单"，一般从业五年，服务过 40 个以上家庭就是不错的月嫂。

第二是看证书。几乎所有人都知道月嫂要培训，但对于如何检验培训的质量却不甚了解。检验培训最重要的凭证就是证书，而目前证书市场又是鱼龙混杂。有家政行业发的、培训机构发的、家政公司发的，含金量最高的就是人社部门颁发的"母婴护理"国家职业资格证书。是经过规定时间培训、程序化职业资格鉴定、理论技能考核通过后才能获得的。

第三是看简历。如果觉得一个月嫂工作了好多年，也有证书，下一步就是看其简历。简单的说就是一个月嫂如果做的"多月单"（产妇做双月子、多月子）越多，说明她的认可度越高。而如果这个月嫂的简历中有多个服务不满一个月（一般 26 天），同时她又不能提供合理解释，就说明这个月嫂在服务水平上可能存在瑕疵。

3. 如何确定服务

选择月嫂后就要与家政公司签订服务协议，这里也可能存在陷阱。

第一是确定服务人员。一定要在合同中明确提供服务的就是面试的人，要将其姓名、身份证号码等信息在合同中体现。不要接受所谓的"同等服务质量"作为更换月嫂的条件。

第二是确定价格。一般家政公司的报价应该包含月嫂的工资和家政公司的服务费，但顾客应该在协议中明确看到。同时还要明确加班费，月嫂的加班费仅指国定假日，再支付不高于 2 倍的日平均工资。

第三是明确续单情况。是否要续单（一个月做完后再做一个月）最好在服务开始前决定，如果一开始不能明确，也需要在合同中约定如果续单如何处理，因为月嫂的服务一般会提前半年开始安排。

第四是明确退单的处理。要和家政公司明确，如果对约定月嫂服务不满意如何处理。因为满意是一个主观评价标准，不可能以不满意作为退款原因，但一定要明确更换月嫂不能另行收费。

4. 月嫂服务过程

在月嫂服务过程中，要防止两个极端，重视三个注意点。

两个极端是"极端迷信、极端自信"。极端迷信是什么事情都听月嫂的，特别是孩子出现疾病也听信月嫂所谓的偏方。要知道月嫂只是生活照护人员，不是医生，如果孩子出现疾病，则不能由月嫂诊治，一定要去医院；极端自信就是什么都要求月嫂听自己的，完全不相信月嫂的经验，要求月嫂按照自己在"百度""抖音"上的学习成果来操作。

　　三个注意点分别是：第一，注意月嫂的休息，特别是对于日夜颠倒的孩子，一定要在白天确保月嫂有足够的睡眠，不能抱有"自己花了这么多钱，就应该好好服务"的观点，有时候反而是得不偿失的；第二，注意月嫂的工作内容，原则上月嫂只负责婴儿和产妇的生活照护，不负责家庭其他成员的生活照料。不要让月嫂承担过多的职责外工作，这样反而会影响到其本职；第三，注意家人与月嫂的相处，特别是家中的老人，当初对于是否请月嫂可能还存在不同的意见，因此在服务的过程中要特别注意不同意见者对于月嫂的态度，争取建立起相互包容、相互理解的合作关系。

第二节　家政服务过程中家庭的义务

大家对于家政服务的权利义务，一般的理解是：家政服务员提供服务是她义务，也是我的权利；我为家政服务支付费用是我的义务，也是她的权利。这当然是没错的，除此之外，家庭还要注意另外几项义务，遵守这些义务可以降低服务过程中的风险，也能提高家庭在家政服务过程中的服务体验。

一、家政保险

（一）家政服务过程中的事故

2003 年 12 月 24 日晚 6 点多，上海市普陀区的某小区，保姆周某在为丁先生家擦窗时不慎从 4 楼坠落，造成腹腔大出血，脾脏破裂，腰椎粉碎性骨折，生命垂危。丁先生及时将周某送到医院急救并支付了近 3 万元医疗费用。之后，丁先生以家庭经济不富裕为由，拒绝再承担赔偿责任。周某于 2004 年 7 月 28 日将丁先生一家告至普陀区人民法院，要求赔偿残疾补偿金等总计 12 万多元。最终法院判决丁先生一次性赔偿周某误工费、残疾赔偿金、精神抚慰金等 6.5 万元。

（二）事故引发的思考

1. 双方都是受害者

一个不幸的案件，工作中的失误给两个家庭带来了灾难性的影响：

一个家庭的主要成员终身残疾，基本失去了劳动能力和收入来源；另一个家庭因此背上了沉重的经济负担，无论是哪一方都不希望发生的结果。所以，不仅周某是受害者，丁先生家庭也是受害者。

2. 双方都应承担责任

既然都是受害者，我们就需要进一步追问，在此事件中，谁对此应该承担责任？是周某本人？是她自己工作的时候不小心而造成的结果？似乎有一定道理，普陀区法院认为：擦窗活动有一定危险性，周某应加强自我保护。她在过于自信的情况下擦窗并摔伤，本身有明显过错；丁先生的家庭有责任吗？也有，毕竟这样的事故发生在家庭中，普陀区法院认为：周某受聘于丁家做保姆期间，丁家对她的劳务活动负有安全注意义务，对她的人身损害负有赔偿责任。其实，大多数家政服务过程中产生的伤害和损失，雇佣双方都是有过错的，都应承担责任。

3. 风险难以避免

双方都是受害者，又都负有责任。那我们还要再追问一句：是不是有可能避免风险呢？风险包括什么？包括在家政服务过程中对家政服务员自己造成的伤害，例如周某事件；也包括服务过程中对雇主家庭造成的伤害和损失，例如弄伤了婴儿、打碎了古董花瓶等；还包括在服务过程中对无关第三人的伤害，例如晒衣服时竹竿坠落砸伤路人。我们可以发现，风险无处不在，而且风险难以避免。

综上所述，我们认为家政服务过程存在着难以避免的风险，尽管这种风险发生的概率不大，但有可能造成严重的后果。应对这种风险的最好办法就是转移风险。

（三）家政保险

1. 保险的覆盖率

根据上海开放大学 2018 年创新课题的调查数据，仅有 23.37％的家政服务员被家政保险所覆盖，按照一名家政服务员服务多个家庭的现状，购买保险的家庭比例更低。那么，是什么原因导致家庭不待见家政保险呢？最大的原因是宣传普及不到位，32.43％的家庭不知道有这个保险。另外还有 26.13％的家庭过于大意，认为家政服务不存在风险。只有很少的雇主认为经济成本会构成拒绝购买家政保险的原因。

2. 保险的责任主体

雇主对于家政服务员应负有基本且不可推卸的保障责任。因为家政服务员是为雇主服务的，是唯一的生活来源，一定程度上存在着人身依附关系。雇主有义务为其提供与当下社会生活相一致的保障水平，以帮助家政服务员应对可能存在的风险。

家政保险保障的是最基本的内容，顾及到双方的核心利益。有人担心这样的保险项目会严重加大家庭的经济负担。家政保险保障的是发生几率低且为最基本的风险项目，大部分家庭可能永远也不会遇到。大家都知道，保险的费用是与其风险成正比的，按照保险市场目前的价格水平，包括意外风险、大病医疗的保险。年保费可能不会超过 200 元。不会给家庭带来过大的经济负担，但却切实保护了家政服务员的基本权益。

3. 保险应有的项目

目前的家政保险，全称是"家政雇佣责任保险"，与其说是保障家政服务员，不如说更多的是保障雇主，当家政服务员在服务过程中发生意外时，家庭的赔偿责任（部分）转移给保险公司，我们认为应该至少包括以下三个部分：

第一，家政服务员因为工作过失对雇主的人身及财产造成的伤害。这一类事件往往发生在月嫂和育婴嫂的工作中，例如：2016 年 5 月 16 日，一位浦东的保姆汪某接雇主孩子回家，在机动车道上骑行，引发交通事故，造成孩子被碾压身亡。

第二，家政服务员因为工作过失对第三人造成的伤害。如上文所列举，高层竹竿掉落砸伤路人的事件，如果没有保险，雇主和家政服务员都需要承担赔偿责任。

第三，家政服务员患重病所需要的治疗费用。也就是说大病保险也应该纳入家政保险体系内。因为家政服务员群体没有被社会保险覆盖。一旦家政服务员患重病，因病致贫的现象经常发生，雇主对此应当承担一定的保障责任。

二、劳动报酬

劳动报酬似乎是一个不需要讨论的问题，难道有家庭会不给阿姨工钱？当然，绝大多数的情况下家政服务员都能够及时、足额拿到工资。但对于工资之外，家政服务员的合法收益却有可能存在争议。

例如：做钟点工的家政服务员，今天雇主临时有事让阿姨不要来了，请问这三个小时要不要支付报酬？很多家庭认为是不需要支付的，因为既然是钟点工，就是做一个小时拿一个小时的钱，没做怎么可以拿钱呢？但这样的认识却损害了家政服务员的权益，因为双方在达成服务协议的（尽管有些协议是口头的）时候，就购买了家政服务员这个时间段的服务。

再如：国庆节，家政服务员没有放假，要不要给她支付 3 倍的工资？还有，过年给家政服务员发红包，是不是也是劳动报酬的一部分呢？

2019 年 12 月颁布的《上海市家政服务条例》这样表述家政服务员的劳动报酬权：雇主聘请家政服务机构或者家政服务人员为其提供家政服务，应当支付报酬。看似这是一句"正确的废话"，但在这个问题上持"居中偏向服务员"的立场，保护家政服务员的权益。未来，行业协会也可以依据《上海市家政服务条例》就家政服务员相关特殊情况做出更加详细、明确的指导性意见。劳动报酬权将会包括：家政服务员的收入不能低于某个数额、在因家庭原因造成服务员无法工作时所应取得的经济补偿、法定节假日加班时收入应参照《劳动法》的相关规定等。至于是否应该有过年红包，则主要看在服务中是否将其约定为报酬，如果是报酬则应该支付，反之就不是雇主的义务。

三、学习培训

学习是家政服务员个人的事情，同时家庭也应该为其学习提升创造良好的环境，提供必要的支持。应当说，目前对于家政服务员学习提升的重视度是严重不足的。社会没有给家政服务员的学习创造良好氛围，政府没有提供必要的学习资源，家庭没有为家政服务员留出必要的学习时间和空间，甚至连家政服务员本身对于学习的重要性也是认识不足的。

《上海市家政服务条例》明确：本市支持高等院校开设家政服务专业，培养家政服务专业人才；市人力资源和社会保障、教育等行政部门应当将家政服务纳入职业培训和职业教育计划；家政服务人员应当注重提升家政服务能力，积极参加政府部门、家政服务行业组织以及家政服务机构组织的各类培训活动；家庭应当支持家政服务员的学习提升，给予必要的时间和空间。这里分别就社会、政府、家政服务员、家庭四个主体明确了在家政服务员学习提升方面各自所承担的责任。

家庭应当承担怎样的责任呢？这是一个值得讨论的问题。我们认为应该包括以下三个方面：第一，给家政服务员学习留出必要的时间。家政服务员要学习必然会影响工作，家庭应该尽可能地允许家政服务员因为学习而请假，不要因为家政服务员参加学习而降低她的收入；第二，为家政服务员学习支付一定的费用。并不一定是全额支付学费，部分支持也是一种很好的姿态。家庭也可以和家政服务员约定，由雇主支付培训费用，在培训结束后再约定一定的服务期；第三，为家政服务员的学习提供实训条件。要取得好的培训效果，实练是必须的。而家政服务员最好的实训环境就是家庭。家庭要能够接受家政服务员暂时的不足，允许她在家庭环境中练习在培训中习得的技能。

四、休息健康

难道做家政还存在什么健康问题？还会危及生命？大部分情况下家政服务是安全的，但也不排除特定情形下的风险。这些风险有些可能会危及生命，而有些会损害健康。例如，有些雇主让家政服务员擦高层窗户，尽管不是爬出窗外，但擦拭过程中重心的偏移依然可能造成失足跌落。前面也提到周某事件。再如，家里请了一位月嫂，晚上照顾婴儿吃奶换尿布，白天照顾产妇起居生活，月嫂自己的休息严重不足，对于家庭来说只有短暂的三十天，而对于月嫂而言却是长年累月，这样的工作模式就可能侵犯了家政服务员的健康权。

《上海市家政服务条例》以这样的方式来维护生命健康权：家政服务人员提供家政服务时，有权要求为其提供必要的劳动保护条件；对可能危及自身生命安全的家政服务，有权予以拒绝。家政服务人员在约定的工作时间以外，有休息的权利，在国家规定的节假日有休假的权利。有了法律的依据，行业协会就可以制定更加详细的操作细则。例如更加明确地规定家政服务员什么可以做，什么不能做；更加详细地表明不同工种每天连续工作的最长时间和最低休息时间。同样，家庭或者家政公司如果枉顾法律和行业协会颁布的细则，就可能涉及违法，在诉讼中处于不利地位。

第三节　如何找家政服务员

　　找到合适的家政服务员，可能是每个家庭都期待的，但很多家庭却不如愿。看得中的家政服务员贵得离谱，价格便宜的家政服务员要么技能不能满足要求，要么服务意识不足。那么如何能找到合适的家政服务员？这一节我们来谈谈这个问题。

一、好的家政服务员难找的原因

　　很多人都抱怨找到的家政服务员总是不如意，态度好的干活差、干活好的要价高、价格低的不如意、如意的做不长。反正翻来覆去地总是在换家政服务员，有些人感叹：找阿姨比找媳妇还难。原因主要可以归结为以下三点：

（一）职业分层导致从业人员综合素质较低

　　毋庸置疑，家政服务行业无论在社会声誉还是收入水平上，在各种职业中都处于较低层次，甚至低于超市收银员、社区保安等职业。从社会分层的角度，这种状况很难吸引到优秀人才加入，很多家政服务员都是在找不到其他工作时才开始做家政的。有些素质高能力强的家政服务员，在工作一段时间了解行业后，就可能转行到家政管理，自己开家政公司。因此，家政一线服务人员的总体素质要低于其他行业，这是好家政服务员难找的首要原因。

（二）供需双方认识差异导致服务终难满意

家庭和家政服务员对于家政服务工作的理解是不同的，对于家庭而言，家政服务意味着生活，大部分人对待生活是一种"任性"的态度，总是期望达到自己的要求。而家政服务员心目中的家政服务是职业，既然是职业就应该遵循"普遍标准"，这个普遍标准是目前市场能够接受的服务标准。双方的矛盾很多时候就发生在"个人要求"与"普遍标准"之间。能够主动地将"普遍标准"提升到"个人要求"的家政服务员往往被认为是好的阿姨，但数量非常有限。

（三）家政稳定性导致"求职怪圈"

如果家政服务员服务质量较好，家庭比较满意，这样的服务将会持续较长时间，除非家庭发生重大变化或家政服务员搬离，一般情况下家政服务员在其工作时间排满后就不会再到市场上寻找工作。于是就出现了一个求职怪圈，好的阿姨不会找工作，到家政市场找工作的往往是做不好、被人解雇的阿姨。这也就是为什么我们在市场上找到的家政服务员总不如意的原因之一。

综上所述，我们找到的家政服务员总是难以达到我们的心理要求，而且这种局面恐怕在短时间内无法改变，那我们应该怎么做才能找到合适的阿姨呢？

二、怎样选择家政服务员

近些年我国各地家政行业的发展是建立在人口红利和地区间经济差异的基础上，随着我国劳动力资源的逐渐紧缺、地区间经济差异的逐步缩小，家政服务员的用工成本也随之上涨。纵观西方发达国家，家庭使用专人为其服务的一定是高收入群体，普通的中产阶层的经济条件是不敢涉足的。未来的家政行业在总体规模上必将缩小，但专业化程度、服务水平、劳动效率必将提高。基于此，对于正在苦苦寻找家政服务员或者正在使用家政服务的家庭，可以参考以下四点：

（一）尽量使用替代性高的家政服务

在条件允许的情况下，由家庭成员承担技术含量较高的工作，让家政服务员承担辅助性服务，不仅可以降低服务费用，并且可以获得更大的选择面。例如有的家庭准备请月嫂，让月嫂照顾产妇和婴儿，再由家人做饭做菜照顾全家。这时候其实可以调整计划，让家人主要照顾孕妇和婴儿，再请一位钟点工料理家务。因为钟点工的替代性要比月嫂大很多，价格也便宜很多，获得的服务体验并不会降低。

（二）尽量选择以服务项目为计量单位的家政服务

市场上大多数家政服务以时间为计费方式，好处是简单明了，但有时候也不免"磨洋工"，服务中的很多纠纷就是源自对于工作量及速度的不同理解。如果能转换思路，变时间计费为项目计费就能够从根本上避免类似纠纷。对于家政服务员而言，在确保服务质量的前提下提高速度也就意味着增加收入。市场上的绝大部分服务业都是以服务项目或服务内容收费，家政市场上已经有很多基于网络"O2O"家政公司开展相关项目服务，他们专注于家庭中某个具体服务，分工更加细化，专业化程度也越高，服务质量也更好。

（三）尽量通过熟人社会选择家政服务员

大部分家庭可能是通过中介公司选择家政服务员，而中介公司为了促成服务，难免会对家政服务员进行一定的"包装"，进入家庭后往往发现与中介公司的描述存在一定差距。如果能够通过熟人社会，比如邻居介绍、朋友推荐等方式，往往能找到比较称心的家政服务员。根据上海市妇联的估计，社区中约有50%的家政服务员并不通过中介机构，而是由熟人介绍获得新的工作机会。

（四）以合作的视角看待家政服务

家政是服务，服务一定是互动的，维持好服务关系需要服务者和被服务者共同努力，两者缺一不可，也只有这样，才能使被服务者获得更好的服务体验。建议广大家庭在与家政服务员的沟通中重视以下几点：第一，明确需求。家庭需要的服务内容，期望达到的服务效果一定要和家政服务员深入沟通，让家政服务员对此有明确的了解；第二，重视感受。家政服务员是一个非常敏感的群体，雇主对于工作质量的探讨也可能被理解为是对他们服务的不满。所以在沟通中要重视他们的主观感受，让家政服务员感受到自己劳动的成果和价值；第三，相互关心。好的服务一定不是仅仅建立在金钱关系上的，让家政服务员感受到雇主对他们的关心，建立"服务＋友谊"的双重关系将更有利于雇主获得更好的服务体验。

第六章 现代家政服务与家政服务员

家政服务员，是家政服务中的基本要素。家政服务员的服务质量直接影响着家庭生活质量的好坏。过去，我们更多的是抱怨家政服务员的素质不高、服务质量不令人满意。很少能有人从家政服务员角度思考他们的需求和体验。本章我们一起来讨论家政服务员的起源，思考家政服务员的定位，以及如何通过培训提高家政服务员的能力。

第一节　家政服务员起源与发展

对于家政服务员的定义，不同的学者有不同的观点。有从工作领域、人身依附关系、职业稳定性等各个方面进行界定的。我们这里采用《商务部国家卫生健康委员会关于建立家政服务员分类体检制度的通知（征求意见稿）》中对于家政服务员的定义，是指以家庭为服务对象，进入家庭成员住所或以固定场所集中提供对孕产妇、婴幼儿、老人、病人、残疾人等的照护以及保洁、烹饪等有偿服务，满足家庭生活需求的服务员。

一、家政服务员的历史起源

（一）奴隶社会

什么时候开始有家政服务员的？目前还没有统一的认识。一般认为家政和家政服务基本出现于同一时代，本书第三章提到的"嫘祖养蚕"被认为是家政的雏形。中国传说中，原始社会经历了：有巢氏、燧人氏、伏羲氏、神农氏等时代。而炎帝和黄帝作为共主统治华夏则逐步向奴隶制过渡。奴隶社会中，通过战争等形式获得其他部落成员，放弃了原来杀戮的处理方式，改为变成奴隶服务于自己的生活，这种没有地位、任人宰割的奴隶就是家政服务员的雏形。

奴隶社会中的奴隶，是没有任何作为人的权利的"物品"，奴隶主可以肆意虐待、买卖，甚至杀戮，奴隶则是无偿为奴隶主提供服务。

（二）封建社会

通常认为，中国在战国后期进入封建社会，秦朝是中国历史上第一个统一的中央集权封建国家。封建社会中大量存在的服务于帝王、官宦、士绅家庭的服务人员，也是家政服务员的一种形式。包括：宫女、太监、佣人、奴婢等。

封建社会家政服务员的特点是仆人与主人形成家族人身依附关系，很多仆人世代为主人家庭服务，此时仆人能从服务中获得一定的收入，但主人依然拥有生杀予夺的权力。

（三）资本主义社会

资本主义社会最典型的特点是资本家通过雇佣关系赚取生产要素创造的利润，家庭服务业从原来的人身依附关系转变为雇佣管理。资本家、富翁为了享受生活，雇佣了大批服务人员为家庭提供服务。具体形式表现为：女佣、奴婢等。

资本主义社会家政服务员的特点：不再依附于所雇佣的主人，具有独立的人格；与主人形成的是雇佣关系，一方给钱，一方提供劳务；此时的分工更加细化，更加专业化。

二、中华人民共和国成立后的家政服务

（一）家政服务员的消失

1949 年以后，中国进入新社会。民国时期大量带有资本主义、封建主义色彩的要素逐渐消失，从业人员也转而从事其他工作，其中也包括家政服务员。旧社会使用佣人最多的是资本家和地主，随着中国对于农业、手工业和资本主义工商业三大改造的完成，城市中的资本家变成了普通劳动者，农村中的地主也需要下地劳动。改变的不仅仅是身份，同时也包括他们的生活方式，从高高在上的主人，变成需要自己动手做饭洗衣的普通市民。于是，原来他们雇佣的仆人自然需要另择他业。如果此时谁家里还有佣人或保姆，一定被视为资本家、地主，被视为资本主义、封建主义的残余势力而被打倒。这一时期，中国绝大部分的家政服务员都消失了。

（二）家政服务员的再现

1978 年 12 月十一届三中全会后，中国开始实行对内改革、对外开放的政策。农村实行家庭联产承包责任制，劳动力从土地上解放出来可以从事其他工作。城市中有需要、有经济实力的家庭开始请人帮助料理家务、照顾孩子。最初是农村的亲戚朋友利用非农忙的时候为城市里的远方亲戚照料家庭，同时也获得一定的经济回报。此时的家政服务员存在半经济性半互助性的特点。在市场中的流动性较小，没有形成大规模的市场中介行为。

（三）家政服务业的兴起

改革开放后，国有企业面临着前所未有的冲击。进入 20 世纪 90 年代，大量国有企业效率低下，企业关停并转、减员增效。大量的企业员工，特别是没有劳动技能和过时技能的员工，面临下岗，有的家庭甚至是双下岗。

政府组织的再就业工程不能覆盖到所有下岗职工，于是有些人开始自谋生路。没有劳动技能，就把生活技能作为谋生的手段，到其他人家庭中为其提供生活帮助。政府部门也发现了家政服务业能够吸纳一定数量的劳动力，缓解就业压力，开始提供公益性的家政岗位中介和家政服务技能培训。尽管刚开始时面临巨大的传统偏见，但依然有一部分人顶着压力迈出第一步，至少解决了自己和家庭的生存问题。

需要指出的是，这个阶段的家政服务员，他们大多是"下岗工人"，而不是"失业者"。其中重要的区别在于下岗工人的劳动关系还在原单位，其中大部分人选择的是"协保"，即协议保留劳动关系，单位还需要为他们缴纳社会保险。在这些家政服务员（绝大部分是女性）年龄到达50岁以后，就可以退休享受退休金。因此，2000年前后，这些家政服务员逐步退出了家政服务市场。

（四）家政服务业的扩张

当本地因为下岗而从事家政服务的人员逐步退出市场后，接替他们的是外来务工人员，也就是农民工。20世纪80年代中期开始，以农民工为主体的流动人口大军开始在中华大地上涌动，而且规模与年俱增。1992年全国约有6 000万至7 000万农民工在流动。[①] 2000年全国第五次人口普查资料显示，离开户籍所在地半年以上的人口约1.2亿。[②] 进入2000年后，农民工的数量不断增加，据国家统计局发布的《2014年全国进城务工人员监测调查报告》显示，2014年全国进城务工人员总量为27 395万人。十四年增加了一倍多。

2000年之后的农民工进城一个鲜明特点是：从过去的以男性为主，转变为以夫妻、家庭进城为主。男性从事建筑业、运输业等需要体力劳动的行业，女性则从事餐饮、服务、家政等行业。外来务工人员正好填补了原来由本市下岗工人退出后的家政服务岗位。而这一阶段，也是家政服务业快速扩张的阶段。现今，上海市的家政从业人员数量激增到超过50万，服务家庭超过300万个，全年的产值超过300亿。

---

① 潘盛洲. 农村劳动力流动问题研究 [J]. 管理世界，1994 (3).
② 许巧仙. "民工潮"现象的经济学思考 [J]. 河海大学学报（哲学社会科学版），2004 (6).

第二节　家政服务的职业定位

一、家政服务业的公益属性探讨

家政服务业，是否具有公益属性？这个问题很重要，不仅涉及产业发展，更涉及家政服务员的职业定位。如果家政服务业属于公益性行业，那么家政服务员就应当成为事业性行业从业人员，未必进入事业编制，但至少国家应该投入资源帮助这个群体发展；如果不属于公益性行业，那么家政服务员就应当尊崇市场基本准则，优胜劣汰、适者生存。我们对此的答案是：家政行业不属于公益性行业。

目前，对于公益性行业的定义还没有形成统一性的认识，一般认为直接或间接地为经济活动、社会活动和居民生活服务的部门、企业及其设施。主要包括自来水生产供应系统、公共交通系统、电气热供应系统、卫生保健系统、文化教育系统、体育娱乐系统、邮电通讯系统、园林绿化系统等。公益性行业至少要满足三个属性：全民性、基础性、保障性。

1. 全民性

即这项服务是所有居民都需要的，至少是所有居民在特定阶段都需要的，例如教育、卫生一定属于公益性行业。

2. 基础性

即这项服务满足的是人民群众基本的生活和生产需要，不是享受和奢侈性的消费。当然这个基础性会随着经济的发展和时代的进步有所调整，例如曾经享受低保的家庭是不允许安装空调的，这就意味着使用空调不属于基础性项目中，但现在无论是政策还是大家的认识，都发生了变化。

3. 保障性

公益性行业，政府应该投入资源保障它的基本运行，公共交通、水电煤等都需要政府的投入。

反思家政行业，没有全民性需求，不是所有人或者特定阶段都需要家政服务的，或者说如果我们将其定义为全民性需求，目前阶段是无法满足的；家政行业是否具有基础性？答案也是一目了然的，家政服务不是满足居民生活的基本需要，而是一种享受型的服务。使用家政服务的个人和家庭，使自己更舒适，家庭更休闲；政府对家政行业基本没有投入，长期以来处于放任状态，但家政行业依然存在且发展。

基于以上的讨论，我们认为，家政行业不具有公益属性，而是一个以市场为主导的行业，这个行业遵循市场规则、价值导向，奉行优胜劣汰。

二、家政服务能否全民服务

众多家庭都期待获得高质量、低价格的优质家政服务，这种想法可以理解，但这种想法却是不合理、无法满足的。或者说：家政服务不是全民服务。服务，有一个基本特点：越是个性化的服务，服务价格越高；人工在服务中占比越高的，服务价格越高。家政服务就符合个性化和人工比例高的特点。所以，家政服务的价格理应很高，不是所有家庭都能够承受的。

当下的家政服务价格是偏低的。对于这一点，很多人会发出质疑，一小时 35—40 元，一个月超过万元的价格还低吗？当然，这个价格是建立在东西部经济差距基础上、建立在家政服务员社会保险缺失上、建立在最为原始的经营模式上、建立在低水平的服务质量上，而这样的状况不会一直存在。所以可以预见的是，未来家政的服务价格还将上涨，会产生挤出效应，把一部分经济承受能力低的家庭和服务能力差的家政服务员挤出家政市场；同样也会产生蝴蝶效应，高价格会拉动服务水平的提高，使得市场整体正向发展。

那么，收入低而又有服务需求的人如何满足呢？这不是家政市场应该考虑的问题，而是社会救助体系应该思考的。对于这类特殊人员，救助体系会设定一定的门槛，符合条件的困难家庭可以享受民政系统提供的救助服务。而大部分家庭是不符合救助条件的，又不能承受市场化、个性化的服务，怎么办？那只能自行承担家务工作。

三、家政服务文化还未形成

文化，往大的讲，是智慧群族的一切群族社会现象与群族内在精神的既有、传承、创造、发展的总和。往细的说，是一个领域的共同认识。而家政服务的文化目前还远未形成。家政服务文化，可以包括服务员文化、家政管理文化、家政家庭文化等。篇幅所限，这里主要讨论一下家政家庭文化。

家政家庭文化，包括家庭如何看待家政服务、如何参与家政服务、如何对待家政服务员。现在的家政家庭文化，雇主对自己的权益期待过高、对于服务员缺乏足够的尊重、对于自己参与家政活动缺乏应有的认识。

理想的家政家庭文化，应该是家政服务员成为家庭中的一员，雇主和家政服务员之间良性互动，雇主提出要求，并且帮助家政服务员改进服务质量；家政服务员主动了解雇主对于服务的期待，不断提高服务质量。同时，雇主也参与到家务过程中，有些力所能及的家务也一起承担，在承担家务的过程中享受家庭的快乐。

113

第三节　家政服务员的职业发展

家政服务员在城市中找什么工作？他们如何找工作？如何在家政的职业中逐步发展？这一节我们来考察一下家政服务员的职业发展之路。

一、家政服务员的成长之路

（一）家政服务员小芳的职业之路

家政服务员小芳，是一个外来务工人员。小芳生活在西部山区农村，当地不要说服务业了，就连像样的工厂都没有几个，即使进入工厂工作，一个月也就只有不到2 000块钱的工资，而且还得托关系才能进入工厂。小芳听同村的姐妹说，在上海工作很能赚钱，做得好甚至一个月上万块。小芳很心动，自己年轻，也能吃苦，就算离家远一点，只要能赚钱也是值得的。小芳告别了父母，跟着小姐妹来到了上海，刚来到大上海，两眼一抹黑，自己既没有人脉，也没有知识技能，怎么办？眼下不要说收入，每天吃饭住宿还要花一笔钱。在中介公司的帮助下，小芳很快就找到了一份照顾老人的工作，这个工作至少有两个好处：第一，对能力要求相对较低；第二，能够为自己提供一个包吃包住的环境，省下了一大笔租房钱。中介公司告诉小芳，这个工作最大的不足就是收入少了一点，目前只有5 000块。不过小芳觉得挺满意，相对于老家而言已经算是"高薪"了。当然小芳不会满足，在工

114

作了一段时间后，她参加家政公司推荐的技能培训，尽管这种推荐主要是为了家政公司自己的利益，但客观上小芳还是学到了一些家政技能。不久她离开了老年人家庭，去附近的小区做钟点工，虽然开始要自己负担食宿费用，但是每天辛苦工作，一个月可以有 6 000—8 000 元的收入，依然让她很开心。做钟点工毕竟辛苦，风里来雨里去，一天要辗转五六个家庭，当小芳听说做育儿嫂可以不用到处奔波，也能够获得不少的收入时，她选择一边工作一边参加了育婴师培训，拿到证书后走上了育婴师岗位。育儿嫂工资不比钟点工少，但是省去了住宿和吃饭的钱，等于变相增加了工资。做了几年育儿嫂后，小芳觉得还可以挑战一下自己，听说月嫂更赚钱，一个月至少一万，多的时候可以到 15 000 元。小芳很年轻，精力旺盛，她参加了母婴护理培训，在经过几个七八千的"新手单"后，小芳如愿以偿地达到了月入过万的水平。小芳工作认真、负责，深受雇主的喜爱，有时候雇主会直接把小芳介绍给他的朋友，这样还免去了不少的中介费。小芳一年可以做 8—10 个月嫂单，一年的收入达到了 15 万元。做了几年月嫂后，小芳已经变成了中年妇女，体力在下降，但是经验在上升。十多年来，她经历了家政行业中所有的服务工作，体验了所有岗位的辛酸苦辣，了解了所有工种的知识技能要求。这时候，凭借着良好的沟通能力和丰富的家政岗位经验，再加上这几年小芳也积累下了一定的资金，小芳开了属于自己的家政公司，招募家政服务员为附近的家庭提供服务。她成为了家政公司老板，达到了这个职业的顶端，成为行业中羡慕的她。

（二）职业之路蕴含的信息

任何事物都是有其存在的价值的，家政服务员的职业之路也不例外，并不是说所有的家政服务员都走同样的道路。也有可能因为能力、学历、家庭环境等原因，越过其中的某个等级。但从这个职业道路我们可以看出家政行业的一些规则和现状。

1. 养老服务领域能力最弱

在所有的家政服务细分领域，从事普通家庭养老的家政服务员能力是最低的，主要有四个原因：第一是大部分家庭养老需要的是一个长期陪护和生活照料者，对专业知识相对要求较低。如果是严重疾病的老年人家庭往往不会选择家政服务，而是直接去了养护院；第二，正因为家庭要求不高，且能提供免费吃住，适合刚刚入行的家政服务员；第三，老年人的开支在家庭成员中也是相对较低的，无法和孩子的支出相提并论，所以支付给家政服务员的薪水也是最低的；第四，正是因为要求低、薪水低，即使有一些能力强的家政服务员暂时加入养老行业，在从业一段时间后就会离开，选择更好的工作。

近些年，上海推进"长护险"使得养老队伍的综合素质进一步降低。因为"长护险"的收入要比家政养老服务高一些，因此稍有能力的养老服务员就会去参加医疗照护培训，获得证书后就改行去做"长护险"。

2. 管理者是优秀服务员的升级

很多人会问，为什么找不到能力强的家政服务员？从家政服务员的成长之路就可以看出，因为能力强的服务员，很多都去做管理了。毋庸置疑，经营家政机构虽然存在一定的经营风险，但总体上还是要比家政服务收入高、社会地位高、相对轻松。于是，在服务中得心应手的家政服务员，积累了一定的资金就有可能创办自己的家政机构，成为管理者。

3. 家政服务岗位的"壁垒"

这个"壁垒"不是其他人设置的，而是家政服务员自己设定的。钟点工和住家服务之间存在壁垒。如果家政服务员的家庭都在上海，那么一般情况下她只会选择钟点工，如果家政服务员只身一人在上海，那么她更希望能找到一份住家的工作，这样生活成本更低。这两类家政服务员之间存在着一个界限，一般情况下不会突破。

（三）职业之路的积极意义

职业之路的积极意义，就是构建了家政行业内部的社会分层，不同的工种层次对应不同的行业评价和市场待遇，使得从业者能够了解自己在行业中的位置，并能够根据自己的实际情况选择职业发展道路。虽然我们说家政行业缺乏职业前景，做了一辈子都是一个"阿姨"，但这样的工种分层，至少在市场待遇上，给了从业者上升的空间。

（四）职业之路的消极意义

首先，养老行业处于行业的底端，与社会需求、城市发展相悖。大家都知道上海早已进入老龄化社会，老年人口几乎达到了户籍人口的三分之一。对于养老服务人员，无论在数量还是质量上都提出了很高的要求。老年人家庭就希望家政服务员能够留得住、做得长，不要三天两头换。但是，这么重要的岗位、关乎国计民生的岗位却处在鄙视链的底端，让养老服务员们不得安心。

第二，职业发展之路形成的工种评价忽视了个人的选择。是不是所有的家政服务员都会顺着这条职业之路向上移动呢？并不是这样的，职业之路忽视了家政服务员自身的特点和需求。例如，举家在上海的家政服务员，只能选择钟点工，而无法选择收入更高、更加轻松的育儿嫂，年级大一些的家政服务员只能带孩子而无法去做月嫂。这些都与能力无关，而是家政服务员个性化的选择。

第三，位于顶端的家政管理，可能是好高骛远的"元凶"。毫无疑问开公司一定是家政服务员的最高追求，但并不是每个人都具备创业的潜质。职业之路直接或间接地鼓励人们努力向前去争抢高低，而往往忽视家政服务员本身的能力和特点。

二、家政服务员的技能发展

对于家政服务员的技能，一般持有两种观点：一是认为家政服务是一种将生活技能转换为工作技能的工种，本质上就是料理家务，没有特殊的要求；二是认为随着现代生活水平的提高和科学技术在生活中的应用，职业化的家政服务需要掌握职业化的专业技术。目前社会主流比较支持第二种观点。

（一）技能的来源

如何促进家政服务员的技能发展，当然包括家政服务员的生活来源，即其自身家庭生活中获得的照顾技能，但从现实来看，这一来源的技能显然不能满足家政职业的需求，原因有四点：

第一，技能水平存在差异。大多家政服务员来自经济欠发达地区，上海几乎没有家政服务员来自北京、深圳、广州。这也意味着经济欠发达地区的生活技能水平和发达地区的生活要求存在一定的差距。

第二，认知水平参差不齐。经济水平一定程度上也影响着认知水平，家政服务员认为已经达到标准的认知，在雇主看来可能依然存在差距。

第三，工种细分要求提升。今天的家政服务不再是简单的烧饭洗衣打扫卫生，存在着很多细分领域，例如月嫂、家庭教育、病患照护等，这些知识技能都不是简单的生活经验可以达到，需要经过专业的教育和培训。

第四，时代发展带来新要求。即使是普通的生活照护，也因为时代发展，新技术、新设备的使用而产生了新的要求。很多新的生活理念也需要家政服务员专门花时间投入学习。

因此，我们认为专业的培训是家政服务员获得能够达到岗位需求技能的最重要来源。

(二) 培训效果及原因

目前培训的效果能否达到社会的期待呢？根据上海开放大学的调查，目前77.46%使用家政服务的家庭认为家政服务员的能力不足，而目前上海家政从业人员的人均证书持有量为1.08张，有的家政服务员甚至持有十几张各类证书，但依然不能满足顾主的期待。原因是什么呢？除了家政服务员本身素养方面的问题，是不是有其他方面的原因呢？

上海拥有比较完善的家政服务员职业培训体系和考核标准，在职业资格证书取消以前，家政职业培训包括专项能力、初级、中级、高级四个级别。全市共有57家职业培训机构开展家政各级别的培训。我们查阅了上海市人力资源和社会保障局公开的相关职业培训数据，制作了《家政服务员各级别技能及培训补贴信息一览表》（见表1）和《2014—2015年家政服务员各等级培训量》（见表2）两张表格，从表格所透露的信息和职业培训运行实际情况，我们可以发现以下问题：

表1　　　　家政服务员各级别技能及培训补贴信息一览表

	专项	初级	中级	高级
学时	60	152	170	290
补贴标准	1 420	1 790	1 830	4 030
道德礼仪	√	√	√	√
法律常识				√
居家安全	√	√		
家居保洁	√	√		
家电操作	√			
日常烹饪	6道	8道	15道	24道★

	专项	初级	中级	高级
家庭照护	✓	✓	✓	
衣物洗涤		✓		
衣物熨烫			✓	
产妇照护			✓	
婴幼儿照			✓	
卫生防疫			✓	
花木养护			✓	
宠物饲养			✓	
家居美化				✓
家庭办公				✓
家庭理财				✓
家庭教育				✓
休闲娱乐				✓
家庭英语				✓

★其中包含 10 道中餐、5 道西餐、3 道西点、3 道日本料理、3 道汤

表 2　2014—2015 年家政服务员各等级培训量

培训等级	培训量
专项能力	67 906
初级	4 184
中级	449
高级	182

第一，标准设计鼓励低水平。从各级别的培训人数上我们可以看出，这样的分布是一种极不正常的现象。专项能力的培训人数是初级培训的 16.2 倍，初级培训人数是中级的 9.3 倍。这说明绝大部分的家

政服务员在完成最基本的专项能力培训后，即使可以继续享受政府培训补贴，却没有选择进一步提高。那这原因又是什么呢？从表 1 中我们发现了原因，培训机构每培训一名专项能力的学员可以获得 1 420 元的补贴，而培训一名初级家政服务员也只能拿到 1 790 元，专项能力的补贴只比初级少了 20.7%，而培训成本我们又可以简单地用培训学时推断，专项能力的成本仅仅是初级的 39.5%，只要花 1/3 的精力，就能够获得 80% 的回报，作为以营利为目的的私营培训机构，是积极地劝说专项学员继续读高级别培训，还是另外再去发掘一批家政服务员来读初级？结果不言而喻。

第二，制度设计限制高水平。从数据中我们发现，中级和高级培训量的综合，不到专项能力的 1%，就算是职业机构利益驱使，那难道就没有好学的家政服务员希望提高技能吗？提高技能一定可以进一步提高自己的收入，这又是不合常理的情况。经研究我们发现：补贴制度设计也存在问题。根据现有的补贴政策，非上海户籍的外来人员，如果没有缴纳社会保险，就只能享受初级及以下级别的职业资格补贴，如果要参加中、高级培训就只能自费。而中、高级费用，特别是高级培训的价格则是普通家政服务员无法承担的。可市场上 95% 的家政服务员都是外来人员，他们中的 99.9% 都不缴纳社会保险，所以只有 1% 的人接着读中、高级也是可以理解的。

第三，市场规则使得专项作用有限。看似近 7 万人次的专项培训，对于家政服务员的技能提升作用是比较有限的。首先让我们看看专项考什么：日常烹饪、家庭保洁和家电操作二抽一，日常烹饪考番茄炒蛋等六道菜中的一道，家庭保洁和家电操作也都是一些生活基本常识。如果家政服务员缺少这些技能，不仅找不到工作，恐怕自己的生活都难以自理。培训机构对于每位家政服务学员 4 小时的培训，基本没有发挥培训应有的作用，更类似考前动员。

（三）对于政府补贴培训的建议

需要指出的是，家政培训市场不仅仅有政府补贴培训，也存在着很多自费的培训项目。但长期以来，政府补贴培训及职业资格证书被认为是要求最严格、含金量最高、最有公信力的证书，行业内对其认可度远超其他证书。尽管近些年国务院要求"简政放权"，将国家职业资格证书变成职业水平认定证书，由行业协会颁发。但其本质上仍然是政府主导及补贴的职业水平认定，对于行业和市场具有非常重要的指导意义，因此，做好家政服务政府补贴培训是关键。

第一，调整专项能力的补贴额度。前面说过专项能力培训的作用是比较有限的，而处于较高额度的补贴标准实际上造就了一个畸形的培训市场，一些家政公司热衷于"培训招生"，很多不从事家政服务的人都被拉来培训。他们的培训收入远远超过其经营收入。所以建议降低补贴额度，以压缩利润空间的方式鼓励参加初级及以上培训。

第二，针对外来人员提供中高级补贴。家政服务员是一群"离不开、赶不走"的群体，提高其服务能力最终会使得上海市民受益，对于社会良性运行和协调发展都将发挥积极作用。如果一开始提供全面的中高级补贴还存在一定困难，建议采用"配额"的方式，根据往年的培训量和培训层次，给予培训机构一定的中、高级补贴名额。

第三，加大培训过程监管。任何设定范围的考试就必定会产生应试技巧，所以不可能避免培训机构针对性地开展培训。但是可以通过加大培训过程监管力度，严格控制培训机构压缩培训课时，特别是鼓励培训学员的参与，让每个学员既是培训的受益者，又是培训的监督者，这将更有利于提高培训质量。

第四节 家政服务员的社会支持

人是群居动物，人与人的交流不仅仅是信息的获得，更是情感和生活的支持，一个人如果拥有强大的社会支持网络，就能够更好地应对各种来自环境的挑战。正如一首歌唱的："当你孤单你会想起谁，你想不想找个人来陪？"周华健的《朋友》、彭丽媛的《父老乡亲》、张惠妹的《姐妹》，这些脍炙人口的歌中，都蕴藏着社会支持的概念。而且这是一个非常有趣的话题，社会学给了它一个很学术的名词：社会支持网络。

一、什么是社会支持网络

一个人降临到这个世界，伴随他的一定有快乐、有痛苦，有春风得意的喜悦，也有四面楚歌的危机。当面临危机和困境的时候，积极求助是摆脱现状最好的办法，那么谁可以给你帮助？社会学家认为我们的生活就是一张网，每个人都是网中的一个点，这张网越大、越密、越牢，我们的抗风险能力就越强，摆脱困境的速度就越快。那如何构建自己的社会支持网呢？费孝通先生在《乡土中国》里提出了"差序格局"，好比把一块石子丢进了平静的水面，湖水一圈圈地推出波纹。自己就是那个圆心，波纹所及的地方就是我们的关系网，离开圆心越近关系越密切。在过去的农村，人们按照男性血缘来决定自己和他人关系的远近和亲疏，上阵父子兵、打虎亲兄弟。当经济发展，特别是女性地位提高后，姻缘关系也加入到社会支持网中，小舅子有时候也能帮上大忙。而随着社会流动的加快，非亲属关系的作用逐渐超过了血缘和姻缘，正所谓出门靠朋友、远亲不如近邻。

二、家政服务员社会支持网络现状

家政服务员在自己的家乡有着比较完整的支持网络，当家里造房子的时候，远亲近邻们会来帮工；当夫妻之间存在矛盾的时候，老娘舅们也会接二连三地登门劝解；当感到寂寞无聊时，从来不会担心会没有人陪着解闷。但来到上海以后，原来的支持网络的作用正在不断减弱，尽管微信、QQ可以时不时地"视频"一下，但视频是不可能帮着换煤气瓶，也不可能陪着逛街的。家政服务员生活质量如何，特别是精神生活是否充实，关键看有没有构建起一个新的社会支持网。

上海开放大学曾经开展过的一项针对家政服务员的研究表明：家政服务员在上海的支持网络呈现出三个特点：规模小、异质性弱、紧密度高。很多家政服务员在上海的生活较为单调，接触最多的就是家人、同乡、雇主，能够从中获得的支持就更少了，当遇到困难的时候，首先想到的求助对象还是亲戚和同乡。

1. 规模小

社会网的规模是衡量一个人社会资源拥有程度的重要指标，规模小就意味着信息少，获得资源的途径少。

2. 异质性弱

家政服务员社会支持网络的另外一个特点是异质性弱，也就是说你朋友的资源都和你差不多，都具有某些特征。你有时间，你的朋友平时也挺闲的，你不知道如何办理居住证，结果发现你身边的朋友基本上也在为这个问题头疼，异质性弱的朋友圈能够给你带来的支持非常有限。

3. 紧密度高

紧密度高的关系网会对个人的行为产生很强的约束，但也会影响个人的态度和行为。家政服务员生活在熟人社会中，一方面会约束自己的行为使得符合群体的期望，另一方面也使得自己的眼界和视野受到局限，思考问题难免过于狭窄。

三、家政服务员如何构建社会支持网

这里需要再次强调的是社会支持网并不仅指给予物质支持的朋友圈，更包括在遇到困难时出谋划策的讨论网、遭受烦心事时可以倾诉的情感支持网、提供各种资讯的信息网。当今社会精神和信息的支持尤为重要。外来务工人员的子女需要在上海就读小学，需要父母中至少一人拿到居住证，而拿居住证的必要前提之一是大专以上学历。很多家政服务员来上海开放大学就读大专的目的就是为了办理居住证。报名季，碰到前来咨询读大学办居住证的途径，这些人都是孩子明年就要读小学、初中了，问他为什么不早点读书？答复千篇一律：之前没人告诉他。

家政服务员如何构建社会支持网，这里有几点建议供大家参考：

1. 参加学习

学习，特别是提升学历。很多关于社会支持网络的研究都显示，学历的异质性很弱，大部分人还是倾向于和自己学识相近的人进行交流、成为朋友。参加学习获得知识是一个方面，认识一群志同道合但是资源各不相同的朋友，能够提供很多帮助。

2. 积极参加社区活动

很多人对社区活动不感兴趣，认为这不是我的社区，别人未必希望我参加。但我们认为，和生活结合最紧密的资源在社区、乐于倾听帮助困难的人在社区、最能体现自我价值的场所在社区。想和写字楼里的白领称兄道弟人家未必待见，但社区中的大叔大婶们却非常乐意经常和你聊聊天。

3. 主动关心别人

社会支持网络不是单向的支持，别人在给予你帮助的时候，也希望你能理解别人的痛苦，帮助她走出困境。所以建议大家要主动关心别人，即使是点头认识甚至初次见面的人，一次小小的主动关心就能使得友谊的小船扬帆起航。

4. 不断增强自己的实力

社会学认为人与人接触是建立在个人背后资源基础上的，资源严重不对称的人之间很难形成长久稳定的友谊，中国人讲究门当户对还是很有道理的。所以不断增强自己的实力，让自己的资源变得充足起来，这是永恒不变的真理。

5. 谦虚低调

最后，一定要谦虚谨慎、低调务实。狂妄自大只能带来口舌之快，却让自己的支持网变得千疮百孔。

第七章 现代家政服务与家政机构

家政机构，通常以家政中介公司的形式为市民
提供家政服务员的中介服务。对家政机构的评价可
谓毁誉参半，好的方面是家政机构为有需要的市民
快速地提供了家政服务员，也为家政服务员解决了
就业问题。坏的方面就是很多时候家政机构提供的
服务并不能达到市民的期待。是家政机构本身的问
题？是机构的运行模式问题？还是市民对于家政机
构存在着不合理的期待？本章，我们就来讨论这些
话题。

第一节　家政机构的组织形式

可能读者们在媒体上经常听到的是家政公司，那么这里所说的家政机构是不是就是指家政公司？家政机构和家政公司有什么区别？我们先来讨论一下家政机构的组织形式。

应该肯定的是，家政公司是家政机构的一种组织形式，但并不是所有的家政机构都是公司的形式，目前存在的和历史上曾经出现的家政机构组织形式大致有三种：有限责任公司、民办非企业、非正规就业劳动组织。

一、有限责任公司

有限责任公司是目前市场上存在最多的家政机构组织形式，根据《中华人民共和国公司登记管理条例》的规定，有限责任公司由 50 个以下的股东出资设立，每个股东以自己认缴的出资额度对公司承担有限责任，而公司作为法人参与市场的经济活动，以公司的全部资产对外承担全部责任的经济组织。我国公司法也规定另外一种公司的形式——股份有限公司，但在家政行业中，几乎不存在股份有限公司，所以这里就不再介绍。

（一）特点

家政有限责任公司的优点非常明显，设立的程序比较简单，不必发布公告，也不必公布账目，尤其是公司的资产负债表一般不予公开，公司内部机构设置灵活，甚至都没有内设机构。但有限责任公司也有不足，就是不能公开发行股票，筹集资金范围和规模一般都比较小，难以适应大规模生产经营活动的需要。

（二）设立原因

那么，家政机构为什么要选择有限责任公司呢？主要基于以下几方面的考虑：

第一，机构要有合规的经营执照才能获得市民认可。曾经也有未经工商登记，没有任何经营合法性文件的家政机构存在。但随着市民法律意识的增强，购买家政服务前首先考察机构是否合规，那么经营执照是必不可少的。

第二，有限责任公司申办程序较为简便。一般经过核名、提交申请材料、出具验资证明、领取执照、刻章、办理银行账户即可经营。

第三，有限责任公司的运营成本较低。注册基本要求较低，一人有限责任公司的注册资本最低仅需 3 万元；在公司运营中也可以获得相对较低的营业税、企业所得税，再加上大多家政公司不开具发票，很少雇佣企业员工，所承担的税费几乎为零。

（三）存在问题

家政有限责任公司存在的最大问题是经营合法性问题。根据我国现有法律的规定，从事劳动力的中介，需要具有劳务中介许可，严格来说家政有限责任公司是不能从事劳务中介业务的，而目前绝大部分的家政服务实质上是中介服务，存在制度上的违规。

二、民办非企业

民办非企业，简称民非。《中华人民共和国民办非企业单位登记管理暂行条例》中对于民非的定义是：企业事业单位、社会团体和其他社会力量以及公民个人利用非国有资产举办的，从事非营利性社会服务活动的社会组织。[①]

（一）特点

1. 机构的非营利性

民非家政机构最显著的特点就是非营利性。此类组织在家政市场存在数量并不多，大多是由政府、政府派出机构、企事业单位为解决就业困难而举办的。例如上海某些街道设立的社区服务中心，也为社区居民提供免费或者低收费的家政中介服务；社区中某些为居家养老的老年人提供照护服务的机构，其组织形式就是民非。

2. 服务对象特定

民非家政机构往往有固定的服务群体，政府部门根据辖区内服务群体数量来测算民非家政机构的规模和工作人员数量。通常情况下，民非家政机构仅能为预设的服务群体提供服务。

3. 资源来源的公益性

民非家政机构因为是政府企事业单位出资设立的，其大部分的运行经费并不需要向服务对象收取，而是由其设立部门拨付。

4. 低市场竞争性

民非家政机构并没有很强的市场意识，因为资源来源的公益性就决定着它不需要通过市场竞争就能生存。而这样的低竞争性也是符合市场规则的，如果民非家政机构参与市场竞争，将会凭借成本优势而破坏已有的市场规则，扰乱市场秩序。

---

① 国务院颁布的《中华人民共和国民办非企业单位登记管理暂行条例》，1998 年 9 月 25 日国务院第 8 次常务会议通过并实施。

（二）设立条件

民非机构的性质和特点决定着其设立是有条件的，否则将会对家政市场产生不利影响。其设立条件主要有以下几方面：

（1）经业务主管单位审查同意。这是最关键的一条，不是想成立就能成立的，其登记机关也不是工商部门，而是民政部门。

（2）有规范的名称、必要的组织机构。很多时候机构的名称中就蕴涵着服务对象、服务领域和服务区域，例如××区××街道养老服务中心。

（3）有与其业务活动相适应的从业人员。通俗讲民非机构不仅要求有人，而且要求有与服务项目相同的专业人员。

（4）有与其业务活动相适应的合法财产。

（5）有必要的场所。

（三）存在问题

民非家政机构存在的最大问题就是因为其缺乏竞争性，所以服务质量有时候不能达到服务对象的期待。民非机构没有生存的压力，提供服务的水平和其自身的待遇没有直接关系，即使质量不高也没有立即可见的惩罚。

有些地方政府部门也看到了民非家政机构的不足而采用服务外包的形式。即将政府应当承担的服务，通过政府购买服务的形式由商业机构竞争性提供，定期进行多方参与的质量评估，优胜劣汰。

三、非正规就业劳动组织

非正规就业劳动组织是政府为了缓解就业压力而采取的阶段性的组织形式。是指组织失业人员、协保人员、农村富余劳动力，通过开发社区服务业、家庭工业和工艺作坊等小型制作业、为单位提供社会化服务等进行生产自救，以获得基本的收入和社会保障的一种社会劳动组织。[①] 目前，上海市场上已经没有非正规就业劳动组织存在。

（一）特点

非正规就业劳动组织经营范围是：修理修配、物业维修、零售配送、小餐饮服务、家政服务、缝补洗理、文体服务、租赁服务、代办服务、公益劳务、家庭工业、计算机应用服务、汽车保洁装潢、种植养殖、再生资源回收利用服务、旅店服务、会展服务、信息咨询服务等。其中明确列举出家政服务是可以合法开展的非正规就业服务。

（二）设立条件

因为非正规就业劳动组织有着缓解就业压力的特殊目的，政府给予此类组织特殊的政策，因此在设立条件上存在一定限制：

第一，申请人要求具有本市户籍。

第二，从业人员的主体是本市的失业人员、协保人员、农村富余劳动力对象（符合政策服务的对象要求）。

第三，投入资金一般在 50 万元以内，这与企业规定下限不同，非正规组织规定的是上限，非正规组织目的是为了缓解就业压力，解决温饱，本质上不是为了繁荣市场经济。

第四，具备与经营规模相适应、并符合行业规定要求的经营性场所。

（三）存在问题

非正规就业劳动组织的门槛低于工商企业，特别是早期允许利用自住房开展经营互动，一定程度上缓解了就业压力。但其本质上并没

---

① 详见 2003 年 7 月 15 日上海市劳动和社会保障局关于印发《关于规范非正规就业劳动组织管理的若干意见》的通知。

有促进市场需求,过低的设立门槛并不利于提高服务质量。再加上后期有人利用非正规组织大量避税,此类组织的弊端不断显现。2011 年上海市人力资源和社会保障局停止了经营性非正规就业劳动组织的认定工作。①

① 详见 2011 年 10 月 11 日《上海市人力资源和社会保障局关于停止经营性非正规就业劳动组织认定工作的通知》。

第二节　家政机构的经营模式

什么是经营模式？经营模式是指企业根据企业的经营宗旨，为实现企业所确认的价值定位所采取某一类方式方法的总称。

我们认为，家政机构的经营模式是指家政机构采用何种方式为客户提供服务，实现机构的价值目标。目前市场上主要的经营模式包括三种：中介制、员工制、管理制（或者称为准员工制），以及互联网业态与各种既有经营模式产生的新形式。

一、中介制

中介制家政机构占据着市场的主体，估计有超过90%以上的家政机构采用中介制的经营模式。客观上为家政市场的繁荣做出了巨大贡献，但也带来了流动性大、服务质量差等困扰，被很多家庭所诟病。

（一）定义

中介制指家政机构搜集大量家政服务员信息，向有需要的雇主提供服务员基本信息，待面试、试工满意后收取服务费用的经营模式。

（二）特点

中介制的特点很明显，优势和劣势都很突出。

1. 运营简单

从社会学角度，中介制的产生意味着从熟人社会过渡到了陌生人社会，熟人社会中家政服务员的雇佣应该是亲人朋友介绍。陌生人社会对于他人缺乏信任度，简单的运行模式有利于降低运行成本。

中介制采用最简单的模式，家政机构提供家政服务员，双方经过查阅证书证件、面试沟通、试工等环节，满意后即签订服务协议、支付中介费用。工资由家庭直接支付给家政服务员，整个服务过程中的权利和义务由雇主和家政服务员承担，家政机构仅提供一定时间的服务保障（例如更换服务员等）。

2. 服务门槛较低

中介制家政机构没有复杂的价格计算公式，服务价格由雇主和家政服务员协商，机构仅需要按照比例收取服务费；不需要为家政服务员缴纳社会保险费，不需要和社保机构打交道，服务费用现金收取，甚至不需要在银行开立账户。对于很多不具有现代管理能力、经营理念的社会人员，只需要具备简单的沟通能力就能开业。

3. 促进家政服务员"流动"

这里说的"流动"，是指家政服务员工作岗位之间的流动。因为中介制的收费模式是以中介"次"为单位，只有中介行为发生，机构才能获得利润。所以，家政机构有着天然的"流动性冲动"，在利益面前会鼓励家政服务员离开原来的家庭获得所谓"更好的"工作。这就造成了我们经常听到的雇主抱怨：家政服务员做不长。

4. 家政服务质量不佳

因为家政服务员和家政机构之间，并不存在事实上的劳动关系，也不存在雇员和雇主的关系。家政服务员可能从多个家政机构获得工作信息，大部分家政机构从利益的角度考虑并不愿意投入资源提高家政服务员的服务水平。因为这样的投入可能没有回报，能力提高带来的中介费增值有可能被其他家政机构获得。

5. 人员管理难度加大

目前大部分家政服务员都是外来人口，在正规就业的组织中，从业者都隶属于一个机构，签订劳动合同，但家政服务员同时会在多个家政机构中求职，如果单纯统计每个家政机构的服务员数量，会和事实上的数据有很大的差异。这也是为什么到目前为止没有任何人和机构能够准确统计全市家政服务员数量的原因。

6. 家政服务员的权益难以保障

因为中介制属于非正规就业，根据目前的政策是无法缴纳社会保险，这就意味着家政服务员貌似较高的收入背后，其实是社会保险的"折现"。一旦家政服务员发生疾病或者事故，其权益很难得到保障。而就目前的家政服务价格水平，社会保险几乎不可能在中介制家政公司中推行。

（三）现状评述与未来发展

目前，家政市场至少90％以上的服务是通过中介制模式开展的，这有其特定的存在合理性。近些年尽管发达地区和中西部的经济差距有所减小，但相对廉价的劳动力还在源源不断地供应到东部地区，这使得东部发达地区的市民可以以较低的价格获得家政服务，对于家政服务的需求远比对于高质量服务的需求强烈。大部分家庭还是宁可忍受服务中的不足，也不愿意提高价格获得更好的服务，价格的挤出效应还没有显现。

发达国家的发展道路显示，经济和科技的发展可能会降低机械制造产品的价格，但一定会抬高个性化服务的价格，未来大规模家庭使用家政的现象将很难发生。家政服务一定是高水平、个性化、奢侈性的消费。这更是对服务质量和服务模式提出了新的、更高的要求。中介制这种模式有可能会逐步退出市场。

二、员工制

员工制就如同家政行业的"白富美",都知道,但都达不到。归根到底家政行业还属于非正规就业,什么时候实现了员工制,也就实现了家政行业的职业化和正规化。

(一)定义

员工制的定义相对比较明确,家政服务机构和家政服务员形成稳定的劳动关系,为家政服务员缴纳社会保险。家政服务机构在收到家庭的服务需求后,派出家政服务员到家庭提供服务,家政服务员和家庭之间不存在劳务关系。

(二)特点

1. 建立劳动关系,服务质量普遍较高

建立劳动关系,是员工制最核心的特点。也只有建立了劳动关系,才能称之为员工制。签订劳动关系就必须给员工缴纳社会保险,这样家政服务员的流动性进一步降低,为了自己的养老和医疗也不会随意跳槽。流动性降低,企业也愿意投入资源提高员工技能,家政服务员较长时间从事同一份工作,服务质量也能进一步提高。

2. 促进家政职业化,提高家政服务员的融入度

实行员工制,建立劳动关系,是一个行业职业化的标志。这也是家政服务业从非正规到正规的关键。目前在城市从事家政服务的人员往往不会将城市视为自己的家,而只是挣钱的地方,因此就出现了过年的"保姆荒"。职业化可以促进家政服务员的城市融入,从一个"外来务工人员"变成"市民一员"。

3. 保护家政服务员合法权益

员工制可以促进家政服务员享受社会保险，这对于家政服务员的权益是极大的保障。不用再担心自己因为疾病或意外而丧失工作能力，同时自己未来退休以后也有了生活的保障。这能够进一步提高家政服务员的职业认同度，使他们愿意长期从事这个行业。

4. 运营成本极高，市场难以接受

员工制最大的问题是运营成本极高，其主要的支出是社会保险。上海目前社会保险的总支出，达到了工资总收入的 37.66％（见表1）。尽管相比前些年有所降低，但仍然超过月工资的 1/3。不管是单位承担还是个人承担，对于家政行业而言最终都是家庭承担，这就意味着服务价格将会上涨超过 1/3，或者家政服务员的收入下降超过 1/3，才能覆盖社会保险的支出。从目前来看，这两种方式无论哪种都还不具有大规模的可行性。

表1　　　　　　　　2020 年上海暂行社保缴费比例

社保缴费比例	单位	个人	合计
养老保险	16％	8％	24％
医疗保险＋生育保险（合并）	10％	2.00％	12％
失业保险	0.50％	0.50％	1.00％
工伤保险	0.16％—1.52％	/	0.16％
合计	27.16％	10.50％	37.66％

5. 回归家政服务的"事本源"

长期以来，家政服务陷入一个怪圈，本质上应该是基于家庭事务服务的"事本源"，却被中介制所"劫持"，将关注点放在家政服务员的身上，成为"人本源"，没有获得好的服务，归结于人的原因。员工制能够使得家政服务回归"事本源"，家庭更多地关注事情有没有做好，如果家务没有达到期望，不用和家政服务员沟通，而是通过机构

的联系获得满意的服务。

（三）现状评述与未来发展

员工制到目前为止，仅有很少一部分家政机构使用，估计不到总数的1%。最核心的原因是在于社会保险成本远高于目前市场的承受程度。目前能够承担社会保险的，也仅仅是一些利润率高的工种，例如月嫂。但家政行业的职业化和正规化发展，就必须施行员工制。

未来，员工制将会以比较慢的速度缓慢推进，员工制普及的过程其实也是家政服务高端化的过程，大部分家庭因为无法承受如此高的服务费用而被"挤出"家政服务市场，留下的雇主都是具有很强购买力，且愿意支付费用获得高质量服务的。

三、管理制

家政行业中所谓的"管理制"，其实还不是严格的学术定义，主要是针对"中介制"完全自由散漫的家政服务员而言，形成与家政公司较为固定的合作关系。

（一）定义

家政服务机构与家政服务员形成密切、固定的合作关系，家政服务员在约定的期限内放弃多点择业的权力，按照合作协议在家政服务机构领取薪金。

在这个定义下，我们发现管理制蕴涵着以下几个要素：第一，家政机构与家政服务员形成的是合作关系，不是劳动关系，这有别于员工制，避免了社保这个最大的障碍；第二，每个家政服务员只能与一个家政机构合作，同一时间不得多处注册。第三，家政公司与家庭签订服务合同，家政服务员作为员工派出到家庭提供服务。第四，家庭向家政公司支付服务费用，家政公司在扣除一定比例的管理费后发放给家政服务员。第五，家政公司对家政服务员承担更大的服务义务，提供职业培训、临时住宿、协助办理社保等服务。

（二）特点

1. 家政服务员的流动性降低

由于禁止了多点择业，家政服务员在协议时间内只能与一个家政机构合作。因此家政服务员跳槽的意愿降低了；再加上家政服务机构的营利方式改变，不是以中介的"次"为结算依据，而是以服务员服务的"月"为结算依据，家政服务员工作的时间越长，家政机构获得的利益越多。当家庭与家政服务员产生问题的时候，家政机构首先选择的是调和矛盾，而不是更换服务员。

2. 服务水平能力有提高

因为家政服务员的流动性降低了，在可预期的时间内是为固定的家政机构服务的。家政机构拿出资源开展培训的意愿也提高了，因为在管理制模式下家政机构是能够分享培训带来的收益的。同样对于家政服务员而言，通过更换雇主而提高收入的投机机会消失了，那唯一途径就是提高自己的能力获得更高的报酬。

3. 对于经营者提出更高要求

管理制本身运行的难度较大，要说服家政服务员和雇主接受，要计算合理的管理费比例，收取家庭的服务费，向家政服务员发放工资，开展家政服务培训，接受雇主的建议和咨询等。并不是所有目前的家政经营者都具备运营能力的。

4. 管理制存在着经济风险

因为管理制通过"工资代发"实现对于家政服务员的管理和自身的利益，但这也给家政服务的过程带来了经济风险。一般的工资代发存在着时间差，而这个时间差是有可能被某些家政公司利用，最终造成雇主支付了服务费而家政服务员没拿到工资的情况。而如果管理制家政机构和资本挂钩，极有可能资本出于快速扩张的需要而动用家政服务员的工资，从而造成更大的经济风险和社会稳定。

5. 社会接受程度

家庭和家政服务员对管理制可能提出质疑。家庭可能认为这个模式存在着风险，把服务费交给家政机构，如果最终服务员没有拿到或者少拿工资，最终受到影响的还是家庭；家政服务员可能认为原来的中介费变为管理费，中介费只需要交一次，而管理费则需要每月都交，这是一种变相的"剥削"。

（三）现状评述与未来发展

尽管存在着不足，但总体而言管理制相对于中介制还是经营模式的进步，也是家政服务业迈向职业化、正规化的必由之路。把家政服务员组织起来的家政服务机构，相对于单打独斗的家政服务员个体，能够提供更好的服务。当然，其中的一些问题也需要我们重视，例如上文所说的"剥削"问题，"中介制"模式下雇佣双方支付总的中介费一般不低于月工资的40%，在"管理制"模式下，如果以5%按月收取，两种经营模式的临界点在8个月，而目前市场家政服务员在一个家庭平均的工作时限是8.4个月，可以看出按现在的服务水平，"剥削程度"基本没有提高。另外关于经济风险，也有比较成熟的金融机构可以提供类似第三方监管的服务，可以规避风险的发生。

当然，当下推进管理制难度很大。2013年开始，上海市政府连续两年开展"示范性家政服务门店"建设，已有166家公司被评为示范性门店。评定的标准之一就是变中介制为管理制（当时称为准员工制）。2015年开始实施的"家政服务员注册制"，要求每一位家政服务员通过办理"家政卡"，在同一时间内只能注册一个家政公司，希望强化家政服务员与家政公司的合作关系。但几年后，随着政府实事工程的结束，家政机构陆续退出了管理制，恢复了中介制。

四、"去中介"的可行性

2018年11月28日，上海开放大学举办了主题为"行业发展与模式创新"家政学研讨会，重点讨论了"家政服务品牌创建与去中介化探索"话题，从不同角度探讨去中介化这个主题。梳理后主要归纳为三个问题：

（一）中介制模式中的道德评价

很多人在批评中介制的时候容易倾向于道德评判，认为中介制服务提供者故意唆使家政服务员离岗以提高自己的收益。我们当然不否认这种现象的存在，但道德因素一定不是中介制模式的主要矛盾。换句话说，不能因为流动性高而批评经营者。我们认为，如果一件事情是偶发性的个案，可以将原因归结为个人素质，如果是普遍性的问题，则需要在制度层面寻找原因。这个原因就是大市场、多选择。中介制模式上每个家政机构和服务员都面临着大市场，在自我利益最大化的驱动下，每个人都希望降低交易成本，缺乏外部制度制约的中介制就是降低交易成本的最好保护；同时，每个家政服务员在中介制模式中也获得了更多的选择，放弃A，选择B在中介制模式下都是自身利益和意愿的表达。所以，中介制不涉及服务循环中任何一方的道德评价，其中所产生的问题是中介制模式本身无法克服的，是一种制度性的缺陷。

（二）去中介化的动力

去中介化的动力在哪里？上文提到"示范性家政服务门店"建设，在诸多示范性门店评价指标中有一个就是采用"准员工制"，准员工制模式包括工资代付、服务员单点注册、服务制度化等，其实就是我们所讨论的去中介化。但随着示范性门店建设评比工作结束，"准员工制"也就被大部分的门店抛弃，原因就是去中介化的动力错位。去中介化的动力只能来自于家政公司、家政服务员、客户三者，在一个自由市场中，外来的动力可能一时能够发挥作用，但本质上起作用的是动力背后的利益，这是缺乏长久性的。而家政公司、家政服务员、客户三者中，谁是动力之源呢？很多人认为是客户（家庭），但这是一种"需求侧"思维，当有廉价商品存在的时候，期望通过"需求侧"推动行业模式的发展是很难实现的。这也是为什么长久以来，"野鸡装修""李鬼搬家"广泛存在的原因。所以，推动去中介化的动力之源，只能是家政公司。家政公司推出更好、更优质的服务，迎合部分消费者的需求，通过去中介化不断提高服务质量，淘汰劣质服务，促进行业的转型升级。家政公司本身是去中介化的动力，而家政公司的动力则来自于利润的提高。

（三）去中介化的影响

那么去中介化后，对于市场是否能够产生积极的影响呢？会不会造成提价不提质？这里我们从三个方面进行分析。首先，客户的接受程度。我们一定要抛弃需求一致性的观点，今天我们面临的是多元化的市场，需求也是多元化的，也一定会有少部分的客户需要更加优质的服务。由于过去在"需求侧"的影响下，家政服务的总体质量难以提高，所以少部分优质需求没有得到满足而转化为普通需求。当有更优质的服务时，一定有购买的群体。其次，服务价格的增长幅度。服务价格是否会提高？这是必然的。任何服务质量的提升最后都会转化为服务价格，由消费者埋单，如果价格不提升，服务提供者就会缺乏提高质量的动力。而且，去中介化能够倒逼服务需求的提高，进而促进行业的提升。再次，服务品质的提高效度。这可能是去中介化最关键的问题：服务品质能否提高，能够提高多少？而这又涉及到另外两个问题：家政公司经营者的能力、家政服务员的素质。这三个问题是相辅相成，共损共荣。去中介化如果要发挥好的效果，公司的掌舵者必须是一个有眼光、懂管理、善经营的优秀管理者，同时他必须获得一批具有高素质的家政服务员队伍。

当我们讨论完以上这三个问题，似乎去中介化的过程和结果更加清晰了一些。我们可以得出以下四个结论：第一，不要把去中介化上纲上线，它只是市场经营的一种方式，和家政公司管理者的道德素养是无关的；第二，去中介化不可能在行业中全面铺开，因为行业中的大部分经营者还不具备这样的能力和素质，同时相当数量的服务员能力和意识也都没有达到这样的要求；第三，去中介化将产生鲶鱼效应，随着有眼光、有能力的家政企业家越来越多，去中介化越来越普及，对于家政服务员能力的提高、对于服务质量的改进都将发挥积极作用；第四，未来的去中介化最有可能首先在利润率相对较高、管理能力较强的母婴、育婴家政公司中施行。

第三节　家政服务员规范管理

应该说，家政服务员的管理一定不仅仅是家政机构的事情，而是应该包括家政机构在内的政府、社会、行业、家庭共同的系统工程。但家政服务员的规范管理又是落脚于家政机构。因此，本节我们来简单讨论一下家政服务员的规范管理问题。

一、目前家政服务员的管理现状

目前对于家政服务员管理的现状是什么？用一句话概括：小而散的经营规模、原始的评价方式、家政服务员的无序流动、行业组织缺乏资源和执行力，四者交织就形成了目前上海家政行业混乱的管理现状。举个例子，一个家政服务员在一个家政公司推荐的工作中出现了严重违规的行为，只要没有上升到刑事层面，换一个公司换一个家庭仍然可以畅通无阻地继续工作，几乎没有制约。家政公司落后的管理方式和经营者薄弱的管理能力也决定了他们无法对家政服务员进行有效评估和管理。

二、规范管理需要多元配合

社会上大部分职业的工作地点都是"公域"，因为从业者的原因所产生的职业危害也是针对不特定多数人的，至少也是一个群体，所以其风险被"均摊"了。而家政服务的特殊性就在于其工作地点是家庭，是"私域"，服务过程中的风险均由家庭承担。而且很多家政服务员服务的都是生活无法自理的老人或者幼儿。从这个意义上，对于家政服务员采取更加严格规范的职业管理是必不可少的。家政服务员的管理应该是多元配合的管理，需要政府、行业协会、企业、家庭各自发挥作用。

（一）政府把好入口关

近几年政府一直在强调"简政放权"，降低了很多职业的准入门槛，取消了一批职业资格证书。简政放权是简化繁琐无用的办事流程，放掉搜刮民脂民膏的部门利益。政府作为社会监管者的职责不能简、不能放。在家政行业规范中政府至少应该做三件事情：

第一，建立覆盖全市的、纯公益性家政服务信息网，要求所有的家政服务机构、家政服务员信息上网，并记录机构和家政服务员的鼓励行为和违规信息。

第二，建立技能和心理两项评价制度，前者过去非常完善，但近些年家政职业评价体系却被清理。事实上这是一项不能被"简放"的民生工程。而后者需要将其纳入新从业者评估中，通过后方可登记上网，加入行业。

第三，建立行之有效的持证上门制度，所有从业人员在完成心理评价和信息上网后，获得的从业证作为进入家庭的凭据。这些工作都是以财政资源为保障，不增加机构和家政服务员的额外负担，并且这些工作的承担者是政府职能部门，而不是社会团体。

（二）协会做好执行者

政府是政策制定者，具体的工作还需要行业协会和社会力量共同参与，其中行业协会发挥着至关重要的作用。在规范家政服务员管理工作中，行业协会也应当做好三件事：首先是宣传，制度再好、平台再优，不宣传就等于不使用，不使用就无法发挥应有的作用。所以行业协会首先应该在家政机构、家政服务员、家庭中广泛宣传，让政府的投入产生实际功效；其次是监督，对于运营的家政机构和从业的家政服务员发挥监督者的作用，对于在运营和从业过程中出现违规甚至违法的行为，由行业协会负责审查，并设立类似黑名单的处理机制；再次是倡导，家政行业在经营中出现的种种乱象和经营模式有着密切关系，要从根本上改变就必须变"中介制"为"管理制"，但这不是一蹴而就的，需要一个较为漫长的规范过程，逐渐让机构、家政服务员和家庭接受，行业协会应该发挥倡导的作用，加快接受的步伐。

（三）企业守住底线

近些年社会发生的涉及家政的恶性案件，涉事家政服务员的从业经历已经表现出不正常的现象，但家政机构出于利益的考虑还是将其推荐出去。中介服务的本质是信息服务，家政服务员的信息不仅包括他的技能，也包括他过去的行为信息。家政机构疏于管理或者故意隐瞒，发生事故后难辞其咎。所以家政机构要守住底线，积极配合政府、协会的各项措施。

（四）家庭擦亮眼睛

家庭在接受家政服务的时候，要提高关注度。包括对于政府推出管理措施的关注、对于家政机构提供信息的关注、对于日常家政服务过程的关注。恶性案件中，无一例外的是家庭缺乏对于家政服务员信息的了解，服务过程又缺乏监督。

第八章 家政学与家政服务业未来展望

在学科分类日益完整的今天，家政学的学术地位在哪里？这门学科到底有没有存在的必要？如果存在，它的边界和作用是什么？未来，家政服务市场将何去何从？是否能满足普通百姓的日常生活？是继续这样的大规模发展，还是呈现另一种发展模式？本书的最后一章，让我们共同展望家政学及家政服务的未来。

第一节　从边缘走向中心的家政学

当下谈到家政学，社会公众普遍带有惊讶的口气询问：保姆也成为学科了？即使是高校、研究机构的学者，也搞不清楚家政学属于哪个领域。于是当媒体报道家政学本科毕业生将被授予法学学士时，很多接受过高等教育的法律界人士惊叹：家政蹭了法律的热点。毫无疑问，现在家政学是一个非常边缘的专业。

一、传统家政学的历史

一个学科之所以能称之为独立学科，必然和其他学科相对有比较清晰的边界，边界之内的是本学科的研究领域，边界之外是其他学科的专业领地。两个或者多个学科有时候也会有模糊和打架的地方，那就称之为"交叉学科"。但一个学科不能没有自己的学科领地，都是交叉学科，那就不能称之为一个独立学科。

晚清时期传入中国，民国时期发展的家政学有其历史的特殊性。开始于 18 世纪 60 年代的第一次工业革命促进了现代科学技术的应用，影响不仅在工业领域，19 世纪下半叶现代科学技术已经进入家庭，影响到人们生活的方方面面。科学技术的应用使得人们的生活质量、健康水平得到了空前的提高，人们也用一种新的视角看待自己的生活和家庭。

从民国时期家政学的专业课程中我们可以发现，营养学、教育学、护理学构成了传统家政学的三大支柱。

（一）自立门户的现代营养学

营养学的鼻祖，在中国似乎可以追溯到上古神农时代，神农氏尝遍百草的目的是确定是否有毒。1616 年，哲学家笛卡尔创立解析几何又为人类提供了新的分析方法，把整体进行分解研究，这为现代营养学提供了重要的研究方法。而现代营养学的起源则是从 20 世纪初人类发现了碳水化合物开始，并逐渐成为一门独立的学科。

20 世纪初，营养学进入中国并不是以独立学科的形式，而是作为家政学一个分支出现的。中国古人由于营养不良总是面黄肌瘦，现在我们知道是因为普通家庭生活贫苦吃不起肉，所以摄入的蛋白质很少导致。但同时又发现和尚们也不吃肉，却是红光满面。这又是为什么？当年家政学从营养的角度进行研究解释了这一现象。蛋白质又分为动物蛋白和植物蛋白，植物蛋白不需要从动物提取，很多植物中都含有优质蛋白质，也可以和动物蛋白一样发挥作用。于是抗战时期金陵女子大学的同学们，在四川的乡村制作豆制品分发给村民，以促进农民的身体健康。

到了 1952 年，中国高等教育院系调整，家政学被取消。其中的营养学领域的专业人员转入营养学专业。由于社会的需求，改革开放后营养学大发展，又分出了膳食营养学、运动营养学、公共营养学、临床营养学等领域，成为一个庞大且独立的学科体系。目前，基本已经没有学者认为营养学是从家政学分离出来的学科。

（二）后起之秀的家庭护理学

中国古代没有独立的护理学，中医药学和护理学密不可分，也有所谓"三分治，七分养"的说法。现代护理学出现得也比较晚，一般把南丁格尔认为是现代护理学的创始人。专门的护理教育始于 19 世纪

60 年代伦敦圣多马医院开办第一所近代护理学院。中国专门的护理教育一直到 1949 年后才出现，1950 年，护理教育才被列为中等专业教育之一，1983 年天津医学院开办本科层次的护理学。一直到 2011 年，护理学才从临床医学二级学科中分化出来，成为一级学科。

北京女子高等师范学校（北京师范大学的前身）是进行家事教育的第一所高校。1914 年 6 月 19 日，学校设置了家事技艺专修科，8 月开始招生开班，标志着中国高校家政教育的正式开启。1923 年，燕京大学的家政系在美国俄勒冈州立大学家政学院院长梅兰的倡议下建立，设立了营养学和儿童发展学两大专业，强调"面向社会，为国家培养实用人才"。燕京大学在建系初期的重要课程，即儿童养育与家庭护理，第一届家政系的毕业生也只有 8 名女生，成为了燕大家政系的"First Eight"。

当下的护理学发展已经相当成熟，下设了基础护理学、临床护理学、社区和家庭护理学、护理心理和人文学四个二级学科，其中社区和家庭护理学与家政最为接近。现在也没有人会认为家庭护理学源自于家政学。

（三）出生名门的家庭教育学

教育学的历史源远流长。被誉为"大成至圣先师"的孔子，他的教育思想一直影响到今天的教育。中国历史上长久以来一直是私塾教育，学校教育一直到近代鸦片战争后，国门打开才有的。时至今日，教育学是十三个学科门类之一，有教育学、心理学、体育学三个一级学科。其中最主要的教育学，又有教育学原理、教育史、比较教育学、学前教育学、高等教育学、成人教育学、职业技术教育学、特殊教育学、教育技术学等十一个二级学科，在这些具体的二级学科下又会有不同的研究方向。但其中并没有家庭教育学。目前也只有在教育学原理下有家庭教育方向。

民国时期金陵女子大学家政学专业，开设了多门家庭教育学课程，例如：儿童发展（6学分）、观察及试教（3学分）、教育玩具制造（3学分）、托儿所管理办法（3学分）、家庭关系（3学分）、庭园学（6学分）、亲职教育（3学分）等等。可以看到，开设课程中不仅仅包括家庭教育理论，更包括很多操作性技能课程，体现着当时生活教育、劳动教育的思想。

当下，家庭教育的重要性被学者与社会再度重视，大家普遍认识到"父母是孩子的第一位老师，家庭是孩子的第一所学校"。参与研究的学者主要来自于社会学和教育学两个学科，但在这两个学科中，家庭教育依然不入主流，而且来自这两个学科的学者在研究视角和研究方法上都存在一定的局限，缺乏整体性、全局性分析能力。

二、现代家政学的构建

需要指出的是，所谓现代家政学，就是区别于民国时期的传统家政学，构成传统家政学的各个领域都已经各自成为一个庞大的学科体系，也并不认同自身起源于家政学。因此，试图恢复到传统家政学，既无可能、也无意义。我们应该做的是努力构建服务家庭、促进人类全面发展的现代家政学。

（一）现代家政学的边界

一个学科的内涵和边界，是这个学科至关重要的问题。内涵与边界搞不清，就说明这个学科还不能称之为一个独立的学科。在这里，我们试图构建一个现代家政学的内涵与边界，可能尚不完善，但也作为一种探索。

现代家政学是以家庭成员与家庭生活为研究对象，运用家政学研究方法，以提高家庭生活质量，促进家庭成员全面发展，促进人、家庭、社会三个和谐运行的综合型应用学科。

现代家政学的核心是家庭，至少应当包括以下部分：

1. 家庭伦理学

家庭伦理学就是从哲学层面思考家庭、家庭成员以及与社会互动的问题。伦理学又被誉为"道德的科学"，其中关于家庭生活中的道德与经济利益、物质生活的关系、个人利益与整体利益的关系问题，是家庭伦理学需要重点研究的问题。

2. 家庭管理学

家是缩小的国，国是放大的家。家庭成员虽然不多，但聚集着对于家庭成员、家庭财产、家庭事务、对外关系等内容的管理。并且，带有个人情感和个性化的特点使得其管理与普通的行政管理和社会管理完全不同。

3. 家庭教育学

中国有句老话叫"三岁看到老"，三岁之前的孩子生活在家庭里，由此可见家庭对于个人成长的重要性。而目前对于家庭教育的研究大多沿用社会学或者教育学的方法，缺乏针对性和适用性，重视程度也远远不足。家政学应该发挥领域优势，重点开展基于家庭环境的家庭教育演技。

4. 家庭餐食与营养学

当前的营养学大多是基于工业化产品的营养学，至于在家庭环境下，采用怎样的烹饪方法更加营养、怎样的保存方式更加长久、怎样的食材组合更加可口、怎样的服务效率更高等，则需要专门的研究。

5. 家庭保健与护理

当下的保健与护理大多基于医疗机构的研究与实践，如何在家庭环境下，运用家庭能够获得的设备，让家庭成员掌握更加科学的生活方式、预防各类现代人常有的疾病、完成家庭成员慢性病的预防与照护，还需要更多的研究与探索。

6. 家庭服装及搭配

目前对于服装的研究，大多出于材料科学以及时尚美学，对于适合家庭的服装搭配，家庭成员能够共同参与的服饰制作，以及更加科学、更加经济、更符合现代美学的家庭服装使用，这些问题目前研究得较少。

7. 居室装潢与布置

过去这可能属于建筑学的一个分支，但随着互联网与人工智能的应用，家庭装潢有了更多的科技含量以及个性化要素。现代家庭装潢"轻装潢，重装饰"的特点，对于如何充分利用空间，根据家庭成员的特点与要求科学布置、精益管理，日益成为一门科学。

8. 家庭美学

现代社会从来不缺少美，缺少的是对于美的理解与享受。家庭作为现代社会成员生活的最重要领域，如何发现、发掘家庭生活中的美，研究这个问题的本身是非常有意义的。同时美学与伦理学结合，探究家庭生活的价值，更能创造出非凡的成果。

（二）现代家政学的研究方法

要成为一门独立学科，一方面要有自己的专业边界，同时也要有自己特有的研究方法。目前家政学专业的老师许多来自于教育学和社会学，普遍对于教育学和社会学的研究方法比较熟悉，例如社会调查、个案访谈、比较研究等。但现代家政学除了社会科学属性外，还包括自然科学属性，排除了自然科学研究方法的家政学，一定是不完善、不完整的。

因此，现代家政学的研究方法应该是包含社会科学、自然科学的综合研究方法。研究者能够开展包括文献研究、社会调查、个案研究在内的社会科学研究方法；同时也能够使用实验仪器，开展基于科学的实验，用于数学、物理学、化学等方法解释实验的结果。

（三）现代家政学的应用领域

家政学专业人才的出口在哪里？没有社会需求的专业也是不具有生命力的。那么，现在家政学的毕业生能在哪些领域实现就业呢？

1. 家庭服务业机构

掌握了专业家政学知识的毕业生，能够为家庭提供更好、更贴心的家政服务。

2. 家庭社会工作机构

家政专业的毕业生，更全面地了解家庭的特点，能够从心理、家庭关系、家庭生活、家务劳动等多个方面解决家庭面临的问题和困难。

3. 中小学

未来，应该仿效西方国家，在中小学中开设家政课程，提高中小学生的家政实务操作能力，促进中小学生对于家庭生活的认知。因此，就如同现在"一校一社工"模式，在中小学中应该配备家政教师。

4. 家庭产品开发与设计岗位

家政学专业毕业生，对于家庭的了解更加全面，能够设计开发出满足家庭需求的系列产品。

5. 幼儿教育机构

家政学专业的学生，因为其具备家庭整体功能的认识，能够从家校配合的角度科学设计相关活动，促进幼儿健康发展。

第二节　面向未来的家政服务业

当下的家政服务，尽管还有很多不足，但总体上大部分家庭还是能够以比较低廉的价格购买到的。未来，是否还能延续这样的市场状况？质量是否会继续提高？职业化的进程能否更快？这是本节我们讨论的话题。

一、过去的社会背景

毫无疑问，自上世纪末开始，特别是进入 21 世纪以后，上海的家政行业在规模上飞速发展。目前已经形成一个拥有 50 多万从业人员，服务 300 多万家庭，年产值超过 300 亿元的庞大产业。尽管其作用不被提及，甚至还经常曝出负面新闻，但不可否认，家政服务为上海大量家庭解决了后顾之忧，减轻了全社会养老服务的压力，为上海的繁荣稳定发挥了积极作用。那么，是什么原因促使了家政服务业的发展呢？这个庞大产业背后的基础是什么？

（一）与日俱增的社会需求

也许在 20 世纪 80 年代几乎没有家庭会计划聘用家政服务员，但当下越来越多的家庭习惯于依赖家政服务员为自己提供生活帮助。这有多方面的原因：首先是经济的发展使得市民有足够的经济基础改善自己的生活水平；第二是老龄化社会，加上政府倡导居家养老，使得越来越多的独居和高龄老人需要有人照顾；第三是独生子女政策使得家庭希望唯一的孩子获得更好的照顾；第四是社会生活压力增加和节奏加快，使得有些家庭不得不求助于社会力量解决自己的后顾之忧。

（二）地区间的经济水平差异

媒体普遍将家政业的繁荣归功于上海经济的发展，这种观点没错，但是不完整。需求的另一端是供给，如果全中国都像上海这样的经济水平或者差距不大，那为什么有这么多人放弃儿女团聚，忍受春运的痛苦要来上海工作？对大多数劳动力来说，首要原因一定是在上海可以赚到比家乡更多的钱。比如偏远西部地区产业落后、经济基础薄弱、就业机会稀少。而在上海工作，即使是没有太多技术要求的家政服务，也能够赚得比家乡多几倍的收入。

（三）庞大劳动力供给

也有人会产生疑问，上海成为全国的经济中心并不是 2000 年之后才出现的，为什么在 2000 年前家政行业没有这么大规模？而 2000 年以后上海家政行业劳动力供给会如此充分？一方面是因为 2000 年前，很多家政岗位是由本市下岗失业人员占据的，2000 年后这些下岗失业人员逐步退出了劳动力市场。另一方面，外来务工人员的结构发生了很大变化。来沪农民工结构在 2000 年左右发生了重要变化，从原来以男性为主转变为以夫妻（家庭）为主，男性还是继续从事以体力为主的工作，女性则很大部分加入包括家政服务在内的服务业中，这种模式为家政行业提供了充足的劳动力。从社会学角度来看，这样的变化不仅能够满足城市中基础服务的劳动力供给，也利于社会稳定，促进城市化水平的提高。如果城市能够平等地接纳这些外来人员，为他们提供基础的公共服务，将能够在相当长的时间内稳定服务供给。

（四）宽松的入职门槛

2000 年之后，外来人员进入上海工作几乎没有门槛，只要能够接受较低的生活质量，在上海的生活成本可以控制得很低。只要愿意，家政服务员可以随时找到家政工作，政府不仅没有设置任何入职门槛，而且还提供了大量免费培训的机会，包括家政服务员、育婴员、母婴护理、养老服务等工种，构建了从初级到高级的职业资格体系。家政类职业培训还突破了社会保险的要求，即使家政服务员不缴纳社会保险，也能够享受政府的补贴培训。

二、未来的需求与供给变化

家政服务未来会发生怎样的变化？我们还是从供给和需求两个角度来分析。

（一）未来家政服务的供给

家政服务的供给，简单来说就是未来是否会有更多的人从事家政服务工作，未来服务的价格会怎样。

1. 廉价劳动力供给下降

未来家政服务的人员供给一定会下降，原因主要还是缘于经济的发展。目前中国沿海地区经济已经达到中等发达国家水平。2020 年全国完成了脱贫攻坚任务，其主要解决的就是中西部地区的贫困问题。2021 年又提出"国际国内双循环新发展格局"，以国内循环为主体，国内与国际双循环相互促进。国内要建立大循环，就必须要中西部地区经济发展起来，融入全国大市场。

任何地区的经济发展一定是建立在足够劳动力基础上，原来在东部地区打工的外来务工人员，在其家乡本地就能找到不错的工作，异地就业的流动意愿降低。其实，从近几年东部地区的用工状况就可以发现，过去的民工潮已经辉煌不再，很多企业面临招工难的窘境，甚至不得不把劳动密集型企业搬离东部地区。

2. 劳动力价格上涨

劳动力价格上涨，不是家政一个行业面临的问题，也不是中国一个国家的现象。世界上任何国家或地区，劳动力价格一定是随着经济发展水平而不断上涨的。上涨到一定程度，本国本地区无法解决的时候，就向外国劳动力开放。

因为劳动力供给的减少，而中国在短时间内是不可能开放国际劳工的，因此必然造成劳动力价格的上涨。不仅仅是家政行业，其他行业也会受到影响。但家政行业的影响可能会更大，因为家政服务业并不属于刚需，当价格上涨时，很多家庭会考虑停止使用或者减少家政服务使用的时间。

3. 外来人口管理政策收紧

中国大陆放宽了中小城市的人口管理政策，常住人口 300 万以下的城市全面取消落户限制。但家政行业最发达的城市恰恰是"北上广深"这样的超大型城市，而这些城市目前对于外来人口管理的政策依然严格。

外来人口政策集中体现在很多人不能落户，而不能落户又影响着包括公共医疗、子女就学、社会保障等问题，让外来务工人员沦为"二等公民"。有些外来务工人员，因为孩子要读书等原因不得不放弃在大城市的生活回到家乡。

（二）未来家政服务的需求

需求决定供给，所以我们也来思考未来我们对于家政服务的需求会有哪些变化。对于需求的变化，我们就从总量、类别、质量三个角度来分析。

1. 量的需求

量的需求，其实也可以用另外一个词，就是市场规模。我们的判断是家政服务的市场规模未来会缩小。主要基于以下几个原因：

原因一：服务价格上涨。上文对于供给分析已经得出结论，家政服务的价格将会上涨。而大部分的家政服务属于非刚性需求，在家庭开支中属于首先被压缩的对象。上海现有大约 300 万家庭使用家政服务，未来家政服务价格上涨后，可能其中收入相对较低的家庭会退出这个市场，致使总需求下降。

原因二：公共服务扩大。这里指的公共服务是面向本地居民的公共服务，特别是养老、医疗照护、幼儿照看等服务。从这些年的发展看，上海市的公共服务在不断扩大，对于老年人有长期医疗照护，教育行政部门也开始将原来不属于教育体系的 0—3 岁年龄段的幼童纳入公共服务体系。这些服务的增加在一定程度上也会降低家庭对于家政服务的需求。

原因三：环境改善与科技助力。家务总量和两个因素有密切关系，一个是生活环境，空气污染越严重，购买产品越是粗放，家务总量越大；另外一个是家庭科技产品的使用，使用越多，家务总量越少。近些年也可以明显感觉到，中国大陆的环境在不断改善，进入家庭的产品（主要是食品）的加工程度在提高，社会服务涉及家庭的领域也在不断扩大，家庭中科技产品的使用也在不断增加，这些都会影响到家政服务的需求。

2. 类的需求

类的需求，其实就是工种的细分，也就是满足雇主更多元的服务。目前的家政服务，正在从钟点工、养老照护、育儿服务、母婴服务四大类向更细化发展。以养老照护为例，根据老年人的特点，又可以细化为普通老人、病患老人、全护理老人、阿尔茨海默症老人的照护。

3. 质的需求

与需求数量上降低相对的就是对于服务质量要求的提高。基于挤出效应，首先淘汰的一定是服务能力差、服务意识薄弱的从业人员，家政服务员的整体素质将会提高；另一方面对于家庭而言，继续购买家政服务的家庭整体对于生活的要求较高，对于服务的期待也在提高。

（三）总结

目前的家政行业还处于初级阶段，由于较低的行业门槛和简单的服务能力期待，使得大量没有特别技能的从业人员在家政行业中获得较低的收入，维持自己的生存。未来，家政行业的职业化与正规化势在必行，对于技能的要求、对于经验的重视其实都会提高从业的门槛，进而又使得服务价格上涨，进一步压缩没有技能从业人员的就业空间。到那个时候，家政服务业可能就会和其他正规就业的行业一样步入正轨。

第三节 家政服务业的创新发展

一、行业的创新发展

纵然家政行业的提升是个系统性工程，涉及经济发展水平、劳动力供给数量、家庭接受程度等各个方面，不可能一蹴而就，也不可能短时间内发生彻底改变。从目前政府对于家政行业的定位、行业发展现状、未来市场需求这三个角度，我们认为家政行业应该在以下四个方面创新发展：

（一）以职业化建设稳定服务队伍

为什么家政队伍的稳定性比其他任何一个行业都要低呢？主要因为家政缺乏职业化，从业人员只将其作为临时性工作，不愿做任何职业投入，所以行业发展首先要推进职业化。如何职业化？至少需要实现三个转变：变中介制为管理制，家政服务员与家政机构形成更加紧密的合作关系；变劳务费为服务费，使家政机构成为服务的主体，加强家庭与家政机构的联系；变劳务关系为劳动关系，家政机构与家政服务员形成劳动关系，为家政服务人员提供基本的社会保障。

实现这样的转变，必然会导致家政服务的价格提高，这也是实现服务正规化所需要付出的成本，纵观其他行业也是呈现这样的规律。

（二）以专业化分工提升服务质量

现在的家政服务质量差，除了队伍不稳定以外还有一个重要的原因是机构缺乏专业化分工，什么都做恰恰是什么都做不好。市场需要的不是一个能够提供"从摇篮到坟墓"式的服务，需要的是专业化、高质量、窄领域的服务。在服务对象上需要专业化分工，提供养老服务和提供月嫂服务有着本质的区别；同时在服务项目上也需要专业化分工，一个钟点工意味着就是一个简单的劳动力，但是"专业保洁员＋厨师＋空调养护"却能够提供更加高质量的家庭服务。

（三）以网络化经营改进服务规范

目前的家政服务缺乏标准，做得好、做得差全凭雇主的主观感受，而不同家庭需求的多元化和主观感受的差异性导致对家政服务评价带来的不确定性。改变这个现状的办法是通过网络化逐渐形成集团化，进而促进服务的规范化。行业统一标准往往只能解决最基本的要求，而企业的服务标准才是体现行业水平的重要指标，上海的家政机构总的特点是"小、散、弱"。目前"互联网＋"发展迅速，但是方向走偏了，前些年大量资本涌入家政行业，着眼点不是通过提高家政服务员综合素质从而提升整体服务，而是一味地通过补贴吸引客户占据市场，并吸引更多投资，最终上市。但这样的模式缺乏自我循环能力，无法实现营利，不仅无法提升行业层次，更冲击了正常的供求关系和市场价格，所有的成本最终将由全体股民埋单。"互联网＋"在家政行业中应当扮演"整合者"的角色，将小、散、弱的个体户整合成大型连锁服务商，通过统一化的服务标准促进服务质量的提升，这样的投资才是有前景和未来的。

（四）以多要素投入提升行业层次

家政行业落后，很重要的原因是投入要素的单一化，只有"劳动力",通常成熟行业中另外两个投入要素——资本和技术,在家政行业发展中难觅踪影。投入要素的单一化最直接的影响是将所有的产出仅归因于家政服务员,产业链的优势难以得到发挥。家政行业的提升需要逐渐改变投入元素单一化的局面,倡导资本、技术、劳动力三位一体的多要素投入格局,深化家政服务的技术含量,延伸家政服务的产业链,使得各要素共同分享整个产业链的成果。

二、具体行业的创新发展

前面谈到了行业的创新,也许很多朋友依然觉得很抽象,下面我们就拿一个具体家政服务领域来做假设,看看家政服务是如何创新的。

中国人说:民以食为天,再大的事情也比不上吃更重要,无论是生儿育女还是婚丧嫁娶,落实到最后都是吃饭。我们就以家政行业中的烹饪服务为例,来探讨一下传统家政服务的创新。

(一) 传统的家庭烹饪服务

传统家政服务中,烹饪服务是非常重要的一个领域,很多家庭为了远离买菜的繁琐、油烟的困扰,更好地享受生活,会选择请家政服务员为其提供烹饪服务。据行业内估计,烹饪服务占家政服务总量约30%左右。按照目前50万从业人员计算,约有15万家政服务员为大约20万家庭提供烹饪服务,全年服务费总量超过100亿,如果将家庭的菜价算入其中,整个产业可能超过200亿。如此庞大的市场,其服务的现代化程度如何呢?

我们发现,当前的家庭烹饪服务仍然可以用"传统"来形容,劳动力是贯穿这个服务过程的主线,由家政服务员去菜场采购原料(该项工作部分家庭自行承担),回到家后清洗、切配、烹制、收拾等全过程均由家政服务员人工完成。表面上满足了家庭的需要,但这样的服务模式随着互联网经济、跨界合作模式的发展，其弊端日益体现。首先，效率较低。通常情况下，如果从采购开始，一个家庭一餐的工作，没有 3 个小时是很难完成的，这就意味着每位家政服务员每天只能为一个家庭服务。其次，价格偏高。家政服务员按时间计费，无论其工作效率如何，一顿晚餐的人工成本大约在 100 元左右，几乎没有下降的空间。再次，采购矛盾。自己采购原料费时费力，家政服务员存在人力成本，且价格和质量也可能存在不可控因素。最后，服务水平不尽如人意。目前的烹饪服务员缺乏专业化素养，仅凭个人生活经验从事烹饪服务，当然也有一些阿姨烧得一手好菜，但遇到这样的家政服务员也如同"竞拍沪牌"一样低概率。

（二）家庭烹饪服务的新业态

家政行业的"互联网＋"是什么？我们认为不是依靠互联网对客户、家政服务员进行补贴而占据市场份额，这样的份额是暂时的，企业不可能永远补贴，补贴取消之日，即是市场份额消失之时。家政行业的"互联网＋"一定是充分利用互联网的资源整合优势，通过细化服务过程，分离辅助工作，提高专业化程度，提升整体服务效率，从而形成最优的产业模式。

家庭烹饪服务的核心在于烹调，过程中的其他部分都属于辅助性工作。烹调核心工作是服务的关键，家政服务机构应该专注于提高核心服务的水平，创造多元化的口味选择，提高服务的竞争力。重视核心不代表放弃辅助部分，而是要找到提升整体服务效果、能让雇主接受，又不增加服务成本（或很少增加服务成本）的整合模式。

我们假设这样的场景：每天早晨（如果觉得麻烦也可以一次性定好一周的菜单）出门前选择好今晚想吃的菜，通过手机 APP 完成下单；早晨客户所点菜肴的原料就会完成采摘（宰杀）、切配、清洗、分装，通过快捷的冷链物流送到家政服务机构；傍晚，家政服务员就会带着已经完成前端工序的原料来到雇主家，简单冲洗后立即下锅，一个小时不到就完成了四菜一汤的烹调工作，放入保温设备后家政服务员悄然离开，接着服务下一个家庭。晚上雇主在享用晚餐后可以继续通过APP对今天的晚餐口味进行评价。一段时间后，APP会自动提交营养分析报告，自动发出菜品搭配建议；还会通过大数据告诉大家最受欢迎的菜品、烧菜最好的家政服务员。

（三）新业态的创新性

也许有朋友会质疑这样的服务创新，认为这种服务其实早已有了，比如"某厨APP"、蔬菜自动售货机、净菜社等。但我们仔细分析会发现，现有的服务无法满足需要家庭烹饪服务的家庭，因为无法解决最后"入户"的问题。快递上门需要家里有人，自动售货机需要客户提取，只有家政服务员能够实现无缝对接，做到雇主"进家门就上饭桌"的要求。另外，目标群体也是存在差异的，蔬菜自动售货机、净菜社的目标群体是没时间买菜的人，而这个群体也是没时间做饭的，有时间做饭的人也有时间买菜，不会选择蔬菜自动售货机和净菜社。只有请家政服务员烧饭的家庭，才有可能做出这样的选择。

相比于传统服务，新业态的优势体现在以下方面：

第一，专业分工提高了劳动效率。新的模式不再是由家政服务员完成全部的工作，采购、洗涤、切配交由专业人员或者机器完成，社会分工的最大作用就是能够大幅度提高社会生产率，在同等时间内完成更多的工作。

第二，降低了整个服务的成本。传统模式中雇主需要为家政服务员的3小时工作埋单。新业态中，家政服务员实际的工作时间仅为1小时左右。分离出来的价值可以由家庭、家政机构、服务员、菜品供货商共享。

第三，可以服务更多的家庭。由于降低了每户的服务时间，原先一个傍晚只能服务一个家庭，现在可以增加到 2—3 个家庭，能够让更多的家庭享受到便捷的服务。

第四，烹饪服务可以更专业。从事家庭烹饪服务的家政服务员，脱离了原先繁琐的辅助工作，使自己所承担的任务更加的单一化、专业化，本身就有利于提高技能水平。同时，家政机构可以针对性地开展烹饪培训，逐步提高烹饪服务的整体水平。

这样的模式创新，是一种多赢的模式：家庭获得了更大的选择空间，降低了一定的开销；家政服务员的收入也有所增加；家政机构拓展了业务空间，增加了营业收入；菜品提供商也非常乐意配合这样的模式。唯一不乐意的就是传统菜场，但这就如同网点和实体店的关系。可能成为拦路虎的就是规模，这种模式在早期小规模时，成本远远高于传统模式。这时候，正是风险投资发挥正向作用的时候，钱不是补贴给客户，而是用来支持小规模时期的产业运转。一旦形成规模，其经济效益也是非常可观的。

丛 书 后 记

"家政教育系列丛书"终于和读者见面了。

在策划这套丛书时，上海开放大学王伯军副校长提出了丛书的三个定位：非学历培训教材、学历教育参考用书、家政相关方学习用书。这样的定位不仅科学，而且切中了行业发展的痛点。首先，这是一套非学历培训教材。缺乏规范、高质量的培训，是目前家政行业面临的最主要问题之一，以往的培训重技能、轻知识、忽视素养，而目前市场上涉及家政行业的知识性、素养类的读物几乎没有，丛书的出版可以说填补了这一空白。其次，丛书也是学历教育的参考用书。上海开放大学是上海最早举办家政高等学历教育的高校，目前也正在成体系建设家政学历教育的教材，但学历教育仅有教材是不够的，应该配套建设一些课外读物，拓展学生的视野和知识面。最后，家政相关方，特别是作为服务对象的家庭，也是需要学习的。事实上，有些家政服务过程中的矛盾，就源于被服务家庭对于家政服务员、服务过程的错误认知。如果被服务家庭的成员也能读一读本丛书，对于改变他们对家政行业的认知、提高服务辨别、促进双方关系都是很有帮助的。

"家政教育系列丛书"从策划到最终出版，历时一年半时间。2020年下半年，上海开放大学王伯军副校长提出，要在已有的"智慧父母丛书"和"隔代养育丛书"基础上，编撰一套"家政教育系列丛书"，以进一步完善上海家长学校的教材体系。随后，在非学历教育部王松华部长的直接领导下，很快组建了以公共管理学院、人文学院家政相关专业教师为主的作者队伍，并经过多次研讨，明确了各自主题、丛书体例等具体要求。2021年3月份，丛书作者陆续交稿，经过几轮修改后，丛书正式出版。

丛书能够顺利出版，应当感谢多方面的支持。首先要特别感谢王伯军副校长，作为丛书的总策划，王伯军副校长全程参与了丛书的编写，多次主持召开研讨会，从选题到风格，给予了全方位的指导；要感谢非学历教育部王松华部长、姚爱芳副部长，两位领导对于丛书的出版给予了大力支持，提出了很多宝贵的建议，非学历教育部的应一也、张令两位老师做了大量沟通协调工作，让丛书更早地与读者见面；要感谢上海远东出版社张蓉副社长所率领的编辑团队，他们在书稿的语法、格式、文字等方面提供了全面、细致的帮助，让这套丛书更加规范、更加成熟。

还要感谢上海市妇联翁文磊副主席，她长期以来关心、支持上海开放大学家政专业建设，每年都到学校参加各类家政专业的各类活动，给予具体指导。还要特别感谢本书编委会副主任、上海市家庭服务业行业协会张丽丽会长，张会长在担任上海市妇联主席期间，支持市妇联与上海开放大学合作成立女子学院，并且建议女子学院举办家政大专学历教育，是上海家政高等教育的奠基人之一。担任行业协会会长后，继续支持家政学历教育和职业培训的发展，为家政行业的职业化、正规化做出了突出贡献。

家政是一个具有光辉历史和悠久文化的行业，家政专业是一个正在复兴和充满朝气的新兴专业。"兴"体现了丛书出版的必要性和紧迫性，"新"则说明了丛书的局限和不足，加之丛书从酝酿到出版只有一年多的时间，疏漏错误之处难免存在。希望广大读者多提宝贵意见，我们将在未来的改版中不断完善。

最后，衷心祝愿家政行业不断发展，家政教育蒸蒸日上。

丛书副主编

上海开放大学学历教育部徐宏卓

2021 年 7 月 1 日